本书受深圳市人文社会科学重点研究基地项目（2021-2023）资助

| 博士生导师学术文库 |

A Library of Academics by
Ph.D.Supervisors

"一带一路"合作伙伴装备制造业
价值链合作与共享机制研究

————·————

李 焱 著

光明日报出版社

图书在版编目（CIP）数据

"一带一路"合作伙伴装备制造业价值链合作与共享

机制研究 / 李焱著 . -- 北京：光明日报出版社，

2023.12

ISBN 978-7-5194-7667-0

Ⅰ . ①一… Ⅱ . ①李… Ⅲ . ① "一带一路" —国际合

作—装备制造业—研究 Ⅳ . ① F416.4

中国国家版本馆 CIP 数据核字（2023）第 250223 号

"一带一路"合作伙伴装备制造业价值链合作与共享机制研究

"YIDAI YILU" HEZUO HUOBAN ZHUANGBEI ZHIZAOYE JIAZHILIAN HEZUO YU
GONGXIANG JIZHI YANJIU

著 者：李 焱			
责任编辑：杨 茹		责任校对：杨 娜 温美静	
封面设计：一站出版网		责任印制：曹 诤	

出版发行：光明日报出版社

地 址：北京市西城区永安路 106 号，100050

电 话：010-63169890（咨询），010-63131930（邮购）

传 真：010-63131930

网 址：http://book.gmw.cn

E - mail：gmrbcbs@gmw.cn

法律顾问：北京市兰台律师事务所龚柳方律师

印 刷：三河市华东印刷有限公司

装 订：三河市华东印刷有限公司

本书如有破损、缺页、装订错误，请与本社联系调换，电话：010-63131930

开 本：170mm×240mm

字 数：170 千字　　　　　　　印 张：11.25

版 次：2024 年 3 月第 1 版　　　印 次：2024 年 3 月第 1 次印刷

书 号：ISBN 978-7-5194-7667-0

定 价：85.00 元

前　言

全球价值链合作与共享已经成为"新常态"下中国经济发展面临的重要议题。习近平总书记指出：各国要建设利益共享的全球价值链，培育普惠各方的全球大市场，推动构建和优化全球价值链；促进包容协调的全球价值链发展，继续支持多边贸易体制。

全球价值链合作与共享，实质是推动各国积极参与全球价值链分工，促进价值链协调发展、包容发展、共赢发展。价值链的合作与共享，需要借助于一定的产业载体和发展需求来实现，从产业载体上，装备制造业是中国国民经济生产活动以及国防建设的重要产业；从发展需求上，"一带一路"合作伙伴大多数处在初级工业化阶段，具有大力发展装备制造业的客观需求。目前，中国装备制造业面临两个突出问题，一是产能过剩，其中相当一部分是优势产能；二是自主创新能力弱，核心技术缺乏。构建"一带一路"合作伙伴价值链的合作与共享机制，不仅可以输出中国的优势产能，共享中国发展机遇，而且有利于中国引进国外先进技术，全面提升装备制造业国际地位。自美国次贷危机以来，各国已基本达成实体经济是经济发展基础的共识，多数国家已将装备制造业作为发展的重点。近年来，中国装备制造业发展面临发达国家再工业化和新兴经济体同质竞争的双重挤压。因此，促进"一带一路"合作伙伴装备制造业进一步合作，并推动中国装备制造业产业结构升级、向全球价值链高端攀升刻不容缓。

全书分5章。第1章，提出了当前的时代背景，梳理了已有研究，提炼研究意义，界定了"一带一路"倡议框架下全球价值链的内涵及装备制造业的特点及发展趋势等，为"一带一路"合作伙伴装备制造业全球价值链合作与共享机制搭建研究框架。第2章，基于总贸易核算框架和亚洲开发银行多区域投入产出表最新数据，测度全球价值链地位指数、前后向参与度、基于增加值的显性比较优势指数等指标，并从合作伙伴在全球价值链中的总体地位、对进口中产品的依赖程度、嵌入模式以及装备制造业出口竞争力等方面分析"一带一路"合作伙伴装备制造业全球价值链合作与共享的现实基础。第3章，根据测度结果与理论分析，归纳出"一带一路"合作伙伴装备制造业全球价值链合作与共享机制，包括价值链上下游合作、价值链同一位置的分工细化，信息共享、技术共享、利益共享和文化共享。第4章，从产业维度、区域维度和风险维度三个方面提出了建设"一带一路"合作伙伴装备制造业全球价值链合作与共享的实现路径。第5章，立足中国视角进行策略研究，从产业结构、空间布局、主体行为和方式方法等四个方面提出中国方案。

感谢研究生王宇豪、金小靖、孙梦梦、黄芳、刘莹、李莺、王铂淇、王鑫、姜家顺在资料收集、数据处理等方面对本书的帮助，感谢深圳市人文社会科学重点研究基地项目的资助，感谢光明日报出版社的支持。

由于水平所限，书中难免有不足之处，请读者批评指正。

李焱

2023年10月于大连

目　录
CONTENTS

第一章

绪　论

第一节　研究背景与研究意义

一、研究背景

2020年暴发的新冠肺炎疫情给中国的经济带来了巨大的负面冲击，实体经济的发展面临需求收缩、生产受阻、动能衰减、韧性不足等诸多难题。俄乌冲突叠加新冠肺炎等因素导致全球价值链（Global Value Chain，GVC）、产业链加速断裂并且重组，全球价值链面临结构性调整，国际循环出现局部梗阻，全球产业链分工基础遭受冲击，"卡链""断链"风险大幅提升，其重构趋势进一步加快，一些国家出于对本国经济安全的考量，纷纷推动产业链回流，以分散外部风险。同时，由于新兴市场国家崛起、全球化群体博弈，逆全球化浪潮随之袭来，在积极融入贸易一体化的过程中，机遇与挑战并存，各国均在思考如何从复杂的国际局势中提振信心、激发经济活力。在此关键时期，多数国家将装备制造业作为发展的重点。《中国制造2025》将"制造强国"确定为关乎国家发展的重大战略目标，中国已经迈入以制造强国为目标的发展阶段。党的二十大报告对制造业高质量发展提供了根本遵循、指明了前进方向。为建设现代化产业体系，应当坚持把发展经济的着力点放在实体经济上，推进新型工业化，加快建设制造强国、质量强国、航天强国、交通强国、网络强国、数字中国。但是，当前中国装备制造业的发展进退两难，面对来自发达经济体再工业化以及新兴经济体同质化竞争的双重压力。习近平提出："要以智能制造为主攻方向推动产业技术变革和优化升级，推动制造业产业模式和企业形态根本性转变，以'鼎新'带动'革故'，以增量带动存量，促进我国产业迈向全球价值链中高端。"①因此，推动装备制造业高质量发展，促进中国经济高质量发展和迈向全球价值链中高端，亟须装备制造业通过产业的升级创新促进转型发展。

近年来，中国装备制造业在发展过程中所面临的制约因素随国内外环境的变化不断增多，中国所具有的市场红利和国内投资的边际效益也在递减。"一带一路"倡议为沿线各国进一步深化合作与共享提供了平台和机遇。"一带一路"辐射范围广，合作伙伴拥有差异明显的要素禀赋。其中，中国拥有充足的外汇储备、优质的产能和较为先进的管理经验等，其他国家或地区发展中的问题主要可以分为以下四类：市场广阔但供给不足、资源丰富但缺乏深度开发能力、劳动力充裕但居民就业困难、基建需求旺盛但缺乏投资。"一带一路"倡议为合作伙伴实现产业对接和优势互补创造了机遇。当前，全球贸易格局发生深刻变化，国际装备制造业格局也在演化和发展，这在一定程度上影响着世界经济态势。习近平提出："我们应该增进利益共赢的联动，推动构建和优化全球价值链，扩大各方参与，打造全球增长共赢链。"②"各国要充分发挥比较优势，共同优化全球经济资源配置，完善全球产业布局，建设利益共享的全球价值链，培育普惠各方的全球大市场，实现互利共赢的发展。"③截至 2023 年 3 月 1 日，中国已与 151 个国家、32 个国际组织签署共建"一带一路"合作文件，中国与共建国家贸易和投资规模稳步扩大，基础设施互联互通不断加强，产业链供应链合作水平也持续提升。另外，党的二十大报告对新时期"一带一路"建设提出了一系列要求，报告中强调要"加快建设贸易强国，推动共建'一带一路'高质量发展，维护多元稳定的国际经济格局

---

① 习近平. 在中国科学院第十九次院士大会、中国工程院第十四次院士大会上的讲话 [N]. 人民日报，2018–05–29（02）.

② 习近平. 中国发展新起点 全球增长新蓝图 [N]. 人民日报，2016–09–04（03）.

③ 习近平. 共同维护和发展开放型世界经济 [N]. 人民日报，2013–09–06（02）.

和经贸关系"①。随着国外形势日趋复杂以及国内发展阶段的演变，我国"一带一路"建设面临巨大挑战。"一带一路"倡议提出至今，合作伙伴积极融入全球价值链，但由于合作伙伴的政策规则和产业标准仍高度碎片化，加之以美国为代表的西方国家对中国对外开放的干扰力度逐渐加大，国际贸易形势不断恶化，导致很多项目面临协调难、纠纷多、仲裁难、风险高的问题，加剧了中国"一带一路"建设的不确定性和不稳定性，较之欧盟及北美一体化趋势，合作伙伴一体化进展及效果并不显著，急需采取措施加强沿线各国合作与共享，共同推进制造业尤其是装备制造业发展。

二、研究意义

1. 理论意义

全球价值链分工已然成为当今国际分工的重要形式，而"一带一路"合作伙伴装备制造业在全球价值链中的表现并不突出。因此，在"一带一路"框架下，研究合作伙伴装备制造业价值链合作与共享机制以促进合作伙伴装备制造业发展具有重要的理论意义。

第一，扩展了国际合作的视角。现有关于国际产业合作的研究多数从贸易现状分析以及从贸易结构视角展开，基于合作与共享角度的研究较少。本书基于比较优势与国际产能合作等理论，阐述了国家间装备制造业价值链合作与共享的理论机制，提出了中国通过全球价值链实现合作共享的具体路径与政策建议，既对政策效应的相关理论进行延伸，也为推动装备制造业国家间共享与合作机制的实现提供了具体的理论依据与发展方向。

第二，丰富了全球价值链相关理论的研究。本书搭建了装备制造业嵌入GVC的分析框架，从嵌入程度、嵌入地位与嵌入模式多维度系统刻画装备制造业的GVC嵌入特征，为研究某一行业深度融入全球价值链提供了理论基础。同时，本书利用GVC分工背景下的总贸易核算框架对基于增加值的显性比较优势进行衡量，为基于比较优势实现价值链合作与共享提供理论依据。

① 习近平.高举中国特色社会主义伟大旗帜 为全面建设社会主义现代化国家而团结奋斗 [N]. 人民日报，2022-10-26（01）.

2. 现实意义

在"一带一路"框架下，合作伙伴进行装备制造业价值链合作与共享为实现沿线各国装备制造业向价值链高端迈进提供了新的机遇。因此，本书研究"一带一路"合作伙伴装备制造业价值链合作与共享具有极大的现实意义。

促进"一带一路"合作伙伴装备制造业进一步合作，最终实现利益共享。合作与共享机制的构建是合作伙伴开展装备制造业价值链合作与共享的基础，也有助于"一带一路"建设高质量发展。在"一带一路"倡议下，沿线各国广泛开展装备制造业合作与共享，不仅有利于沿线各国共同进步，构建完善的产业链，也符合"一带一路"倡议下开放包容、互利共赢的理念。随着"一带一路"倡议的提出，合作伙伴已经展开广泛合作，"一带一路"倡议已然成为促进中国与沿线各国经贸双赢的重要载体。为进一步落实"一带一路"倡议，更好地实现区域合作，将合作成果最大化，"一带一路"沿线装备制造业合作与共享机制及协调机制被提出，为"一带一路"合作与共享提供了机制保障，进而从产业维度、区域维度和风险维度分别提出"一带一路"合作伙伴装备制造业价值链合作与共享机制的实现路径，最后从产业结构、空间布局、主体行为和方式方法四个方面提出中国方案。在"一带一路"倡议框架下，通过区域内合作促进中国装备制造业向全球价值链中高端转移，提升中国国际分工地位，促进价值链朝着更加动态、包容、公平和网络化的方向发展。

推动中国装备制造业产业结构升级，向价值链高端、高附加值方向移动。装备制造业的发展有助于拉动经济增长以及推动工业化进程的发展，由于国际产业正不断发生转移、国际分工不断深化，装备制造业全球价值链结构也相应发生了调整与变化，越来越多的国家开始注重制造业尤其是装备制造业的发展。因此，中国装备制造业应该谋求新的发展机遇，以智能制造为主要抓手，摆脱高端要素的外部依赖路径。"一带一路"倡议的提出为中国装备制造业进一步开展国际产能合作创造了发展机遇，有利于装备制造业产业的结构调整。在进行国际产能合作的过程中，通过不断整合其他国家的资源，调整并升级本国的产业结构，推动由生产消费市场向装备制造基地转变的同时，提升装备制造业在全球价值链中的地位。装备制造业作为"一带一路"合作伙伴合作和共享的重点战略性产业，一方面与其他产业的关联度高，另一方面吸收资金能力强，可以提供大量的就业机会，充分体现了国家的综合实力，对整体国民经济增长提供了强有力的动力支撑。在"一带一路"倡议下，中国装备制造业与合作伙伴加强价值链合作与共享，对中国而言，有助于整合关键核心技术与相关创新资源要素，促进要素资源的优化配置，降低生产成本，进而促进产业向中高端水平发展，推动中国装备制造业产业结构升级，抢占全球制造业新一轮竞争制高点，提高国际竞争力；对合作伙伴而言，有助于各国获得来自中国的稳定投资，同中国展开装备制造业升级合作，进而实现装备制造业价值链攀升。总的来说，"一带一路"合作伙伴在装备制造业方面进行价值链合作与共享有助于沿线各国装备制造业价值链攀升，为沿线各国带来经济效益。

第二节 相关概念界定

一、"一带一路"倡议

1. "一带一路"倡议的提出

2013年9月7日，习近平总书记在哈萨克斯坦纳扎尔巴耶夫大学发表题为《弘扬人民友谊共创美好未来》的重要讲话，提出了共同建设"丝绸之路经济带"的倡议。2013年10月3日，习近平总书记在印度尼西亚国会上发表题为《携手建设中国—东盟命运共同体》的重要讲话，提出了共同建设"21世纪海上丝绸之路"的倡议。2015年3月28日，国家发展改革委、外交部、商务部联合发布了《推动共建丝绸之路经济带和21世纪海上丝绸之路的愿景与行动》，推进实施"一带一路"倡议。作为一个系统性的大工程，"一带一路"建设可以分解为六廊、六路、多国、多港。其中，"六廊"指的是六大国际经济合作走廊，包括中蒙俄、新亚欧大陆桥、中国—中亚—西亚、中国—中南半岛、中巴、孟中印缅经济走廊；"六路"包括公路、铁路、航运、航空、管道、空间综合信息网络；"多国"是指在初期先和一批国家达成合作，争取在第一批合作中取得良好效果并形成示范效应；"多港"是指要共同建设一批重要港口和节点城市，繁荣海上合作。

2. "一带一路"倡议的内涵

"一带一路"是开放性、包容性区域合作倡议。"一带一路"以开放为导向，希望通过加强交通、能源和网络等基础设施的互联互通建设，促进经济要素自由流动、资源高效配置和市场深度融合，开展更大范围、更高水平、更深层次的区域合作，打造开放、包容、均衡、普惠的区域经济合作架构，以此来解决经济增长和均衡发展问题。

"一带一路"是务实合作平台。"一带一路"倡议通过加强相关国家间的全方位多层面交流合作，充分发掘与发挥各国的发展潜力与比较优势，彼此形成互利共赢的区域利益、责任和命运共同体。"一带一路"具有平等性、和平性特征，平等是"一带一路"建设的关键基础，和平是"一带一路"建设的本质属性。

"一带一路"是共商共建共享的联动发展倡议。"一带一路"建设是在双边或多边联动基础上通过具体项目加以推进的，是在进行充分政策沟通、战略对接以及市场运作后形成的发展倡议与规划。"一带一路"的市场原则表明了市场作用和企业主体地位的重要性，"一带一路"建设的核心主体与支撑力量是企业，根本方法是遵循市场规律，并通过市场化运作模式来实现参与各方的利益诉求。

"一带一路"是和现有机制的对接与互补。"一带一路"的核心内容就是要促进基础设施建设和互联互通，对接沿线各国政策和发展战略，以便深化务实合作，促进协调联动发展，实现共同繁荣。"一带一路"倡议与现有机制互为助力、相互补充，"一带一路"建设已经与俄罗斯欧亚经济联盟建设、印尼全球海洋支点发展规划、哈萨克斯坦光明之路经济发展战略、蒙古国草原之路倡议、欧盟欧洲投资计划、埃及苏伊士运河走廊开发计划等实现了对接与合作，并形成了一批标志性项目。

"一带一路"建设是促进人文交流的桥梁。"一带一路"跨越不同区域、文化和宗教信仰，在推进基础设施建设，加强产能合作与发展战略对接的同时，也将"民心相通"作为工作重心之一。通过弘扬丝绸之路精神，开展"智力丝绸之路""健康丝绸之路"等建设，在科学、教育、文化、卫生、民间交往等各领域广泛开展合作，它是政治经济文化上的桥梁和纽带，为相关国家民众加强交流、增进理解搭起了新的桥梁。

二、装备制造业

1. 装备制造业的概念

国际组织及其他国家并没有对装备制造业的概念内涵做出明确的表述，它在中国首次正式出现于1998年中国中央经济工作会议上提出的"大力发展装备制造业"。2002年，《中国装备制造业发展研究报告》从三个不同层面对装备制造业进行了概念界定：在经济社会发展层面，装备制造业是指为国民经济和国家安全提供技术装备的企业总称，涉及机械类、电子类、武器弹药制造中的生产投资类产品所包含的全部企业；在两大部类分类层面，装备制造业是为国民经济各部门提供简单再生产和扩大再生产所使用的工具的生产制造部门；在现代三次产业划分层面，装备制造业属于第二产业，指资本品及其零部件的制造业。

表1.1 装备制造业的大分类及中分类

大类	中类
金属制品业（C33）	结构性金属制品制造（C331）
	金属工具制造（C332）
	集装箱及金属包装容器制造（C333）
	金属丝绳及其制品制造（C334）
	建筑、安全用金属制品制造（C335）
	金属表面处理及热处理加工（C336）
	搪瓷制品制造（C337）
	金属制日用品制造（C338）
	铸造及其他金属制品制造（C339）

续表

大类	中类
通用设备制造业（C34）	锅炉及原动设备制造（C341）
	金属加工机械制造（C342）
	泵、阀门、压缩机及类似机械制造（C344）
	轴承、齿轮和传动部件制造（C345）
	烘炉、风机、衡器、包装等设备制造（C346）
	文化、办公用机械制造（C347）
	通用零部件制造（C348）
	其他通用设备制造业（C349）
专用设备制造业（C35）	采矿、冶金、建筑专用设备制造（C351）
	化工、木材、非金属加工专用设备制造（C352）
	食品、饮料、烟草及饲料生产专用设备制造（C353）
	印刷、制药、日化及日用品生产专用设备制造（C354）
	纺织、服装和皮革加工专用设备制造（C355）
	电子和电工机械专用设备制造（C356）
	农、林、牧、渔专用机械制造（C357）
	医疗仪器设备及器械制造（C358）
	环保、社会公共服务及其他专用设备制造（C359）
铁路、船舶、航空航天和其他运输设备制造业（C37）	铁路运输设备制造（C371）
	城市轨道交通设备制造（C372）
	船舶及相关装置制造（C373）
	航空、航天器及设备制造（C374）
	摩托车制造（C375）
	自行车和残疾人座车制造（C376）
	助动车制造（C377）
	非公路休闲车及零配件制造（C378）
	潜水救捞及其他未列明运输设备制造（C379）

续表

大类	中类
电气机械和器材制造业（C38）	电机制造（C381）
	输配电及控制设备制造（C382）
	电线、电缆、光缆及电工器材制造（C383）
	电池制造（C384）
	家用电力器具制造（C385）
	非电力家用器具制造（C386）
	照明器具制造（C387）
	其他电气机械及器材制造（C389）
计算机、通信和其他电子设备制造业（C39）	计算机制造（C391）
	通信设备制造（C392）
	广播电视设备制造（C393）
	雷达及配套设备制造（C394）
	非专业视听设备制造（C395）
	智能消费设备制造（C396）
	电子器件制造（C397）
	电子元件及电子专用材料制造（C398）
	其他电子设备制造（C399）
仪器仪表制造业（C40）	通用仪器仪表制造（C401）
	专用仪器仪表制造（C402）
	钟表与计时仪器制造（C403）
	光学仪器制造（C404）
	衡器制造（C405）
	其他仪器仪表制造业（C409）

资料来源：国家统计局《2017年国民经济行业分类 CB/T 4754-2017》

　　简言之，装备制造业又称装备机械工业，被称为"工业心脏"，是为国民经济生产或国防建设提供机器和设备的行业，它在一个国家或地区的制造业中起着基础性、支撑性作用，具有较高的战略地位。根据中国国家统计局2017年公布的国民经济行业分类，装备制造业分为金属制品（C33），通用设备(C34)，专用设备(C35)，铁路、船舶、航空航天和其他运输设备(C37)，电气机械和器材(C38)，计算机、通信和其他电子设备(C39)和仪器仪表(C40)七个类别，具体分类见表1.1。装备制造业是一个国家制造业的重要组成部分，也是整个工业的重要组成部分，一个国家装备制造业的发展水平可以反映出该国制造业和整个工业的发展水平，也可以反映出一个国家的综合实力。

2. 世界装备制造业发展特征

（1）发达国家装备制造业向国外转移

首先，随着人民生活水平的不断提高，市场对商品的需求出现不同消费层次，对异质商品的需求不断增大，产业内贸易得到进一步发展。为满足不同国家之间具有差异性的市场需求，发达国家选择在不同国家生产异质性产品。此外，发达国家的龙头企业生产规模不断扩大，规模报酬递增所带来的红利逐渐消失，这也会促使发达国家的龙头企业要在其生产规模扩大到规模经济的边界前将生产逐渐转移到生产成本较低的国家。根据产品生命周期理论，当产品处在前两个阶段即导入（进入）期和成长期时，产品主要生产国是发达国家，发达国家赚取高额利润；随后在饱和期及衰退期，将产品过渡到由发展中国家或是相对落后的国家生产，此时负责生产的国家只能赚取较低的利润。

（2）区位集中化

区位集中化是指装备制造业在区域内呈点集状分布，即装备制造业企业在某一区域分布相对集中。当前全球制造业围绕美德中日韩等大国，形成了各具特色的三大集中区域。一是以美国为核心，辐射带动加拿大和墨西哥的北美集中区域；二是以德国为核心，辐射带动法国、英国等老牌发达国家的欧洲集中区域；三是中日韩为核心，辐射带动中南亚、南亚等地区的亚洲集中区域。区域集中模式大致可分为原料集中、市场集中、劳动力集中、资金集中、技术集中等。具体来看，目前地域集中主要表现出对市场的依赖性逐渐增强，对自然资源的依赖性逐渐降低的趋势。产业扩张、成本配置和市场供求三个因素共同影响着世界装备制造业的区位分布。

（3）产业升级以纵向整合为主

根据装备制造业产业整合中企业在产业链中所处的位置及其与产业的关联程度，可将其划分为横向整合、纵向整合和混合整合三种类型。所整合企业属于同行业为横向整合，所整合企业属于上下游行业为纵向整合，所整合企业分属两个不相关的产业为混合整合。

装备制造业的横向整合有利于提高产业集中度，促进产业结构的优化升级。企业的资产规模通过横向整合得以扩大，加速了企业规模经济的实现，增加企业投入技术研发的资金，从而提高了产业创新效率。装备制造业纵向整合按装备制造业在产业链中的位置可以分为前纵向整合和后纵向整合。纵向整合可以帮助上下游企业协同合作，节约交易成本，保证投入品的稳定供应，最大限度提高企业利润。纵向整合的目标是通过对产业链的关键环节的控制，确定产业价值链上各环节的重要性，从而保证企业在竞争中取得优势。与横向整合相比，纵向整合具有更大的难度与更高的成本，但实现这种整合往往能带来更大的增值，更适合于装备制造业。混合整合有利于装备制造业企业实现企业经营多元化，目的在于分散投资的风险。

3.装备制造业产业升级的内在动力和外部条件

（1）内在动力

技术创新在实现装备制造业企业产业升级的过程中发挥着重要作用。装备制造业各企业不断加大研发费用的投入以促进技术创新，凭借其具有的技术优势将附加值高的关键技术、核心技术把握在自己手中，通过产、学、研合作实现重点领域的突破，将价值链中低端附加值的行业转移到其他国家。技术结构与产业结构具有直接关系，通过技术创新而引起的产业结构调整有助于装备制造业全球价值链向上攀升。技术关联是产业关联的核心因素，一个行业的技术创新将促进其他行业的技术创新，从而推动装备制造业整体升级。另外，供给和需求两个方面对装备制造业产业升级也有一定影响。供给方面，资金、劳动力、自然资源等要素的供求关系对产业变化具有不同程度的影响。当面临劳动力紧张、生产成本增加等难题时，装备制造业产业升级必然会向资本密集化方向发展。需求方面，人民收入的增加、物质生活水平的提升也必然会拉动装备制造业的发展。

（2）外部条件

第一，在国民收入分配和财税金融政策方面，如果对装备制造业实施高积累的政策，将拉动装备制造业向重工业化方向发展。第二，在经济发展规划和产业政策方面，如果一个国家的经济发展规划以及产业政策偏重于装备制造业，旨在减少装备制造业的发展成本，为装备制造业的发展提供便利条件，则有助于本国装备制造业迅速发展。第三，在国际贸易和国际分工方面，一国如果拥有与装备制造业相关生产要素的比较优势，在此基础上使用本国丰富且廉价的生产要素，由此获得成本优势，对扩大装备制造业的生产规模具有积极作用。

4. 世界装备制造业发展趋势

（1）发达经济体与新兴经济体间竞争加剧

金融危机频发使发达经济体意识到制造业的重要性，纷纷推动"制造业回归"和"再工业化"，扶持本国制造业发展，集中发力于高端制造领域，并且通过税率改革等措施吸引本国的跨国公司产业回流，使生产基地从海外转移到国内。新兴经济体则依靠成本优势致力于建设新的"世界工厂"，而新一轮产业革命通过智能制造技术大幅减少了对劳动力的需求，劳动力数量和劳动力成本的重要性也急剧下降，传统的产业转移模式将被颠覆。随着新兴经济体装备制造业的持续升级，与发达经济体的产业重合度不断加大，全球装备制造业格局呈现调整重组、重构竞争优势的新势态，加剧了发达经济体与新兴经济体之间的竞争。

（2）分工格局从产业间分工发展到产业内、产品内分工

制造业早期的国际间分工格局以发达经济体与发展中经济体之间的产业间分工为主，由此形成产业链与企业生产过程一体化。发达国家丧失资金、技术等比较优势时，往往向发展水平较低的国家进行产业转移，这种转移通常是整体产业在别国的复制，并呈现不同发展水平国家之间产业梯度转移的

格局，即雁群模式。随着信息技术的发展，交易成本不断降低，促使企业越来越多地将内部原有的生产活动剥离出来，出现了外包的趋势。工业内部和产品内部的分工与外包趋势相结合，促使了离岸外包的出现，发达国家及其跨国公司将注意力集中在技术、知识和资本密集的产业链环节上，从而在全球价值链中获取更多利润。

（3）网络协同创新不断发展

现阶段，相比于劳动力、土地、资本等传统的生产要素，知识逐渐成为制造业发展的首要生产要素。传统的生产要素在制造业的生产发展中逐渐失去主导地位，产业配套和规模经济的重要性也逐渐减弱，创新能力的作用日益突出。由于生产线的柔软化程度、产品分工和配套能力的重要性降低，新一轮产业革命使小国有可能发展大型工业。过去以稳定劳动、工匠精神打造优质产业优势的国家，其竞争力正在逐步减弱，制造业正在向创新能力强的国家集中。就技术发展趋势而言，人工智能、生命科学、新能源和新材料是技术创新的主要方向，也是各国抢占科技创新制高点的重要手段，以人工智能为代表的新一代信息技术将推动应用领域的创新突破，改变制造业生产方式。从创新组织模式来看，技术研发从单个企业向网络协同创新转变。网络协同创新通过整合、重组企业内部与外部机构拥有的技术资源，打破了企业之间的边界，使创新主体之间形成一个紧密、实时、动态的价值网络，缩短了集成创新与高技术产业发展的生命周期，提升了协同创新的深度与广度，促进了装备制造业核心技术的更新。

5.世界装备制造业未来走向

（1）智能化

随着计算机技术、信息技术的高速发展，装备制造业的发展面临着新的机遇，智能制造已成为装备制造业发展的新方向。自二十世纪八十年代以来，世界装备制造业已经有了较大发展，而同时暴露的发展瓶颈也较为明显。面对计算机技术和先进制造技术对产品提出的新要求，传统装备制造业已难以应对。在世界产业革命和科技革命的背景下，高端智能为传统装备制造业的发展提供了可能性。

（2）服务化

装备制造企业服务化主要包括两个方面：一是企业产品产出服务化，即企业从仅生产产品向生产产品及提供后续服务转变；二是中间投入服务化，即装备制造企业在参与全球价值链分工的过程中，中间服务投入所占的比例增加，即实现制造业和服务业的深度融合。在经济全球化的大背景下，装备制造业服务化已成为中国装备制造业发展的必然趋势，服务化对装备制造业的发展起到了推动作用。

（3）绿色化

近些年来，绿色装备制造业发展迅猛，其核心是在考虑生产成本、经济效益的基础上，综合考虑环境影响和资源利用效率，使相关企业的经济效益和社会效益得到协调优化，从而促进装备制造业的可持续发展。具体地说，装备制造业的绿色化要求在整个产品生命周期内实现产品的设计、生产制造、运输、使用、报废、回收和循环所造成的环境影响最小化和资源效率最大化。

（4）信息化

科技的进步和时代的进步，使得以大数据、物联网、多媒体等计算机网络技术为支撑的信息技术与装备制造技术相融合，推动装备制造业信息化发展。设备制造信息化实现了根据用户的需求偏好来收集资源，并通过分析、重组等方式处理用户所需的产品和工艺要求等信息，以最短的时间和最低的成本生产出满足用户需求的产品。

（5）全球化

全球装备制造业的发展从最初的单极化向多极化转变，将成为未来拉动经济发展的主要动力以及国家间经济竞争的关键点。在第四次工业革命背景下，装备制造业在研发、生产、组装、运输、销售、回收、再利用等领域也逐渐呈现新的发展趋势，发达国家和发展中国家纷纷加快装备制造业全球战略布局，进行下一轮竞赛。在新的全球格局中，发达国家逐渐将高端装备制造业转向国内市场，并且与发展中国家抢占中低端装备制造业市场；发展中国家继续吸引劳动密集型及低附加值的装备制造业产业向本国转移，同时通过跨国企业学习发达国家先进的管理经验、先进核心技术，以期改写世界装备制造业版图。

三、全球价值链

1. 全球价值链的概念

全球价值链的概念最早在20世纪80年代被提出，经过一系列的发展演化成完善的全球价值链理论。1990年，迈克尔·波特（Michael Porter）在其撰写的《国家竞争优势》一书中率先提出："从微观上看，企业的基本活动（包括生产作业、销售、运输、销售后）与支持活动（包括原材料、技术、人力资源管理、金融、企业基础设施）是共同创造价值的，而在企业价值创造过程中，基本活动与支持活动是相互关联的，并共同构成了企业价值创造的行为链，即企业价值链。"[①] 他同时指出，当一个企业处于它所在的行业环境中时，它就与这个行业中的供应商、其他制造商、产品分销商和消费者建立了联系。这时，企业不仅有内部的价值链，也有外部的价值链。波特的理论强调个体企业的竞争优势，反映了价值链垂直分离和全球空间配置之间的关系，从而为全球价值链理论的形成奠定了基础。后来，宾夕法尼亚大学教授寇伽特（Bruce Kogut）在对国际战略优势的分析中，提出了价值链的概念，价值链是技术、劳动力、原材料投入等要素的有效组合，而一个企业实现其全球战略的过程，就是价值链各个功能环节的配置过程，企业的竞争优势在价值链各个环节的显性优势中得到体现。寇伽特的理论不同于波特强调单个企业的竞争优势，它反映了价值链垂直分工的特点，也反映了全球生产网络中的同地点配置功能。此时，离全球价值链理论的形成更近了。20世纪90年代，克鲁格曼（Krugman）等学者将价值链理论应用于企业生产过程的分割和空间布局分析，探讨了企业在全球范围内对价值链各环节进行空间布局的能力，强调了价值链治理模式与产业空间转移之间的关联。在这些方法中，一些学者用"分段细化"来描述生产过程，各个环节通过跨国生产网络相互关联 (Arndt 和 Kierzkowski, 2001)。美国杜克大学教授格里芬（Gary Gereffi）于1999年首次提出了基于管理价值链的全球商品链概念。格里芬通过研究跨国公司主导下的价值链活动指出：当今世界经济中的生产活动网络的明显的特点是跨国公司

---

① 迈克尔·波特. 竞争优势 [M]. 陈小悦，译. 北京：华夏出版社，1997:26–30.

作为国际生产网络的主体，将世界范围内与生产相关的企业与全球商品链的生产紧密联系在一起。在全球商品链中，基本单元是节点，其中任意一个节点都包含原料投入、经营组织、营销等环节。尽管这一理论以跨国公司的商品概念为核心，但同时也为其后全球价值链的构建提供了新的思路。

格里芬于2001年首次以全球商品链为基础提出了全球价值链的概念，为研究生产活动在全球空间范围内的分布提供了方法。这一概念的提出，深刻地揭示了当今世界经济运行的动态性。全球化价值链分工理论进一步说明了当前跨国公司主导下生产活动的跨区域布局，价值链包含设计、生产、装配、销售、售后服务等一系列环节，这使得产品的国家属性变得越来越模糊，难以对其最终出口国进行精确描述。但是价值链上各个环节的利润水平不同，在全球价值链中，总有一些战略环节可以创造更高的利润。按照全球价值链的框架，同一产业的不同环节布局在世界各地，各地区根据要素禀赋的比较优势负责不同环节。但产业的分工分布具有聚集性，在区域分工中，生产总是在一个特定的区域内集中展开。工业的聚集不仅可以提高区域的竞争力，而且可以通过诱饵效应①来吸引外来企业。产业转移是加速产业集聚区形成的途径之一。一方面，某一地区的劳动力或资源优势将吸引分散在各地的企业进行自主转移，形成产业集聚，从而实现规模经济；另一方面则依靠当地的比较优势或政策红利，引进外资，形成产业集聚。因此，一个国家或地区可以通过承接产业转移与培育产业集聚区相结合，进而实现二者互动发展的新局面。

2002年，联合国工业发展组织（UNIDO）提出了一个有代表性的全球价值链定义："全球价值链是为实现商品或服务价值而连接生产、销售、回收处理等过程的全球性跨企业网络组织，不仅包含原料采购和运输，半成品和成品的生产和分销，直至最终消费和回收处理，而且包括整个过程中所有参与者和生产销售等活动的组织及其价值、利润分配，当前散布于全球的处于价值链上的企业进行着从设计、产品研发、生产制造、营销、交货、消费、售

---

① "诱饵效应"（decoy effect），就是指人们对两个不相上下的选项进行选择时，因为第三个新选项（诱饵）的加入，会使某个旧选项显得更有吸引力。

后服务、最后循环利用等各项增值活动"[1]。

2. 全球价值链范式

自大卫·李嘉图以比较优势理论为基础建立国际贸易理论以来，国际贸易的主流理论一直依赖于三个经典的假设：第一，市场是完全竞争的，生产技术的规模报酬不变；第二，同一产业内的生产者都是同质的；第三，国家只从事最终商品贸易，不从事中间商品贸易。在此基础上，对三种经典假设提出质疑，形成全球价值链分析框架图（见图1.1）。

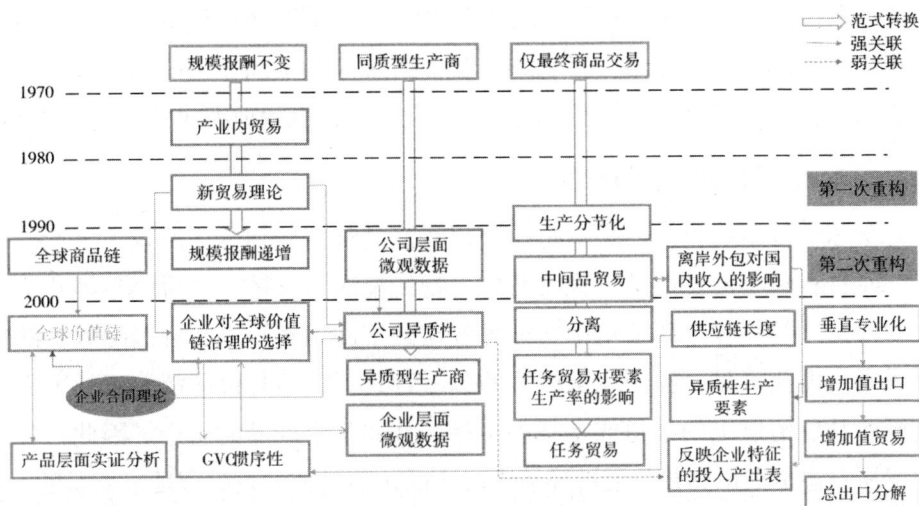

图 1.1 全球价值链分析框架谱系[2]

以克鲁格曼为首的新贸易理论开始了对经典贸易理论的第一波重构。在不完全竞争条件下，新贸易理论动摇了传统贸易理论的第一个假设，考虑了规模报酬递增的生产技术，同时考虑了用户偏好的多样性，为国际贸易理论的分析框架奠定了基础。该理论为国与国之间的产业内贸易提供了理论支持。

---

① VIENNA. Competing Through Innovation and Learning—the Focus of UNIDO's Industrial Development 2002/2023 [R]. United Nations Industrial Development Organization, 2002.

② 杜大伟，若泽·吉勒尔梅·莱斯，王直. 全球价值链发展报告：2017 [M]. 北京：中国社会科学出版社，2018:23.

而后基于日本、美国等主要出口国从事出口的企业只有极少数的现象，伯纳德（Bernard）等学者通过对企业微观数据的实证研究发现，任意给定行业内，出口商和非出口商之间的生产效率存在极其明显的异质性。自此，对古典贸易理论的第二波重构开始。梅里兹（Melitz）率先从企业异质性的层面来解释国际贸易和国际投资现象，推动了"新-新贸易理论"的研究。

古典贸易理论的第三波重构正在进行之中。近年来，运输方式和信息通信技术的飞速发展，使得生产过程被人为地"分解"成不同的生产环节，每一个环节都对应着一个特定的任务，如设计、采购、生产、组装和销售等。各个环节一般都是跨国界外包到能最有效地完成这个生产活动的地方去进行。和传统的国际贸易理论只考虑最终产品的跨境流动不同，当前的国际贸易更注重如何合理"分割"各个生产环节，以及如何最有效地完成各个生产活动。

3. 全球价值链的利益格局

全球化价值链分工，是指跨国公司将产品价值链划分为研发、生产、设计、原材料和零部件制造、成品装配、物流配送、营销、售后服务等几个独立的环节，并将各个环节集中在世界各地的不同国家，以实现国际分工的最低成本。由此可见，在全球价值链的分工背景下，参与价值链分工的国家只进行产品价值链上的某道或是某些工序，并非整个产品的生产。因此，各国的贸易收益是根据其在价值链环节中对产品价值增值的贡献程度来衡量的。

2022年亚洲开发银行多区域投入产出表提供的数据将56个部门行业分为初级产业、劳动密集型制造业、资本密集型制造业、知识密集型制造业以及服务业五大行业。在地区划分方面，将世界各国划分为七国集团（G7集团）[①]、金砖国家[②]、新钻国家[③]以及其他区域。其中，G7集团作为传统发达经济体的代表，金砖国家和新钻国家则作为新兴经济体的代表。

与金砖五国和新钻国家等新兴经济体相比，G7集团在全球价值链中的分

---

① 七国集团即美国、英国、法国、德国、日本、意大利和加拿大。

② 金砖国家即巴西、俄罗斯、印度、中国、南非五个国家。

③ 继金砖国家后，高盛又推出"新钻11国"，是成长潜力仅次于金砖国家的11个新兴市场，包括巴基斯坦、埃及、印度尼西亚、伊朗、韩国、菲律宾、墨西哥、孟加拉国、尼日利亚、土耳其、越南。

工地位较高，这反映出以 G7 集团为代表的传统发达经济体在全球价值链分工中仍然占有重要地位。但是，G7 集团在全球价值链分工中的地位在相对下降。就新兴经济体而言，金砖五国在全球价值链中的分工地位相对较高，且其全球价值链地位呈明显上升趋势，而新钻国家的变化比较平稳，只是小幅上升。全球价值链在其他地区的地位也出现了明显的上升趋势，缩小了与 G7 国家等发达经济体之间的分工差距，有助于全球价值链分工广度的扩大。这表明不同经济发展水平的国家之间的分工地位差距在缩小，全球价值链分工生产的全球化程度在提高。

因为知识密集型制造业的进入壁垒较高，中间品只在少数国家之间流动，全球价值链的分工只有少数发达国家参与和主导，导致知识密集型制造业生产全球化的程度最低。在劳动密集型制造业中，由于劳动力等生产要素流动性较差，全球价值链中分工的全球化程度较低，少数劳动要素丰富的发展中国家主要参与了制造业的全球价值链分工。总体来看，发达国家在全球价值链中的地位逐渐下降，相反，新兴经济体在全球价值链中的地位逐渐上升。

但是，在当今世界，以发达国家为主导的全球价值链的利益格局仍呈现出掠夺性和不平衡性的明显特征，发达国家占据全球价值链的高端，利用这一优势开展全球经济掠夺，并且建立霸权体系。而发展中国家融入全球价值链的低端，目的在于依托价值链实现产业升级，但事实情况是发展中国家的低端制造业长期处于价值链的低端，陷于"锁定"的困境，劳动力成本优势和资源优势并不能改善这一情况。

四、合作与共享

1. 合作

"合作"在《现代汉语词典》中被定义为："为了共同的目标共同工作或共同完成某项任务"。以英文来说，合作（cooperation）一词最早出现在坎贝尔（G. L. Gampbell）1978 年撰写的著作《图书馆区域分组》中。托马森（Thomas Henry Wright）对合作的定义是：合作是这样一个过程，通过自主的正式或非正式协商活动，共同制定规则和结构，以规范它们的行为方式和相互关系。

合作的概念是相对于竞争而提出的，而合作通常是指个人和个人之间、团体和团体之间为了实现共同目标而进行的联合行为。习近平提出："国际社会要摒弃零和博弈，共同反对霸权主义和强权政治，构建相互尊重、公平正义、合作共赢的新型国际关系，树立休戚相关、安危与共的共同体意识，让和平的阳光照亮世界。"[①]

这类联合行动取得成功所需的基本条件包括：第一，拥有共同一致的目标。任何合作都应该有共同的、一致的目标，至少在短期内是如此。第二，统一认识，统一规范。对于共同目标、实现途径和具体步骤等问题，合作各方应有基本一致的认识，在联合行动中，合作各方应遵守共同认可的社会准则和团体准则。第三，营造相互信任的合作氛围。营造良好的相互理解、信任和支持的氛围是开展有效合作的重要条件。第四，要有物质基础支持协作进行。基本物质条件是合作能够顺利进行的前提。空间上距离合理、时间上适时有序，是物质条件的构成部分。

2. 共享

"共"在《辞海》中有五种解释，此处义为一起、共同；"享"有四种释义，此处义为受用、拥有。因此，"共享"一词在《辞海》中为"共同分享、一起拥有"，即与其他组织或个人共同使用或分享，指将一件物品或者信息的使用权或知情权与其他所有人共同拥有，有时也包括产权。共享的内涵是物品或好处由参与各方共同享有，最早出自《东周列国志》。2015年10月的十八届五中全会上，习近平指出："须牢固树立并切实贯彻创新、协调、绿色、开放、共享的发展理念。"[②] 共享是发展的出发点和落脚点，是发展的价值取向。共享最为符合各方的利益，能在最大程度上普惠各方，是经济社会发展的理想状态。

3. 合作与共享

合作和共享是相辅相成、相互促进的。二者在"一带一路"合作伙伴装

---

① 习近平. 把握时代潮流 缔造光明未来 [N]. 人民日报，2022-06-23（02）.

② 中国共产党第十八届中央委员会第五次全体会议公报 [J]. 求是，2015（21）：3-7.

备制造业的发展过程中必不可少、缺一不可。合作与共享能否有机结合，是合作伙伴装备制造业能否实现进一步发展的关键因素。一国资源有限，无法在所有业务领域都有竞争优势，因此，一国若要在竞争中获胜，必须把资源集中于核心业务。同时，一国还应与拥有其他竞争优势的国家建立密切的战略合作关系，以充分发挥各方的竞争优势，从而提高总体效率。

五、全球价值链合作与共享

1. 全球价值链合作

全球价值链是一个全球性的跨企业网络组织，它将生产、销售、回收处理等过程联系在一起，以实现商品或服务价值，不仅包括原材料采购和运输、半成品和成品的生产和分销，直至最终消费和回收处理，还包括整个过程中所有参与方和生产销售等活动的组织及其价值、利润分配。全球价值链合作则是将位于全球价值链上的企业分散在全球各地，分别进行研究开发、产品开发和生产制造、销售、售后服务和循环再利用等各种增值环节的运作。在产品内部进行价值链协作，是对资源的最佳配置。价值链合作以价值链分工为基础，打破了原有产品生产由于地理问题造成的不可分割特性，将产品完整的生产过程拆解，分散到价值链上不同的国家来进行。

2. 全球价值链共享

作为将研发、生产、装配、分配、销售和售后服务等过程连接在一起，实现商品或服务价值的全球跨企业的网络组织，全球价值链与国家间和区域间的合作密不可分。全球价值链合作使各参与国更深入地参与国际分工当中，减少生产、交易及运输过程中的成本，充分发挥各参与国的优势，使国际生产、交换以最小的成本换取最大的收益。在全球价值链合作这一非零和博弈中，各国加快本国产业升级，获取更大利益，共享全球价值链所带来的好处。

3. 全球价值链合作机制

全球价值链合作机制是推动"一带一路"合作伙伴装备制造业进行国际产能合作的制度保障。"一带一路"合作伙伴装备制造业价值链合作机制主要分为价值链上下游合作以及价值链同一位置的分工细化这两种形式。价值链上下游的分工合作机制使处在价值链不同位置的国家开展合作；价值链同一位置的分工细化机制使处在全球价值链同一位置国家的合作进一步分工细化。

4. 全球价值链共享机制

装备制造业全球价值链共享机制是确保各个国家能够公平、合理地共享利益的规则和制度，它是由多环节、多方面内容组成的一个有机整体，其中包括信息共享、技术共享、利益共享和文化共享。同时，为保证装备制造业合作共享机制能充分发挥其潜力，可以从市场机制、信息咨询与协商机制、援助机制及风险识别与评估机制四个方面进行协调，减缓各国之间的摩擦和冲突，确保合作共享机制高质量实现。

第三节　文献综述

一、全球价值链核算与测度研究

1. 全球价值链核算

20世纪60年代，贝拉·巴拉萨（Bela Balassa，1967）率先提出一类商品的连续生产过程被分割成垂直的贸易链，各国根据本国所具有的比较优势将整个生产过程进行划分，分解成为不同的阶段，并由各国将各部分进行附加值化，他将这种国际分工定义为垂直专业化（Vertical Specialization，VS）。随后，戴维·哈默斯（David Hummels，2001）首次提出了测度垂直专业化的量化指标。至此，垂直专业化的内涵变得更加丰富，为后续贸易增加值指标体系的构建以及具体指标的进一步细分奠定了良好的基础。罗伯特·库普曼（Robert Koopman，2012）、王直（2015）等在此基础上利用增加值系数向量 V 和里昂惕夫逆矩阵 B、L 推出完全增加值系数 VB，从而将一国总出口分别分解为9个部分和16个部分，并详细阐述各部分的经济意义。

2. 全球价值链测度

在前后向参与度的基础上，库普曼（2010）等构建了全球价值链地位指数（GVC-Position）。库普曼认为如果一国某部门主要是为其他国家提供中间产品，那么可以认为这一国家的这一部门在国际分工中的地位是相对有利的，相反，如果一国某部门主要从其他国家进口相关的中间产品的话，那么可以认为这一国家的这一部门处于国际分工中相对不利的地位。库普曼首先提出衡量 r 国 i 部门在全球价值链中地位的计算公式：

$$GVC\_Position_{ir}=ln(1+\frac{IV_{ir}}{E_{ir}})-ln(1+\frac{FV_{ir}}{E_{ir}})$$

其中，E_{ir} 代表 r 国 i 部门的总出口，IV_{ir} 为 r 国 i 部门出口至他国后，被用作中间品以再出口至其他国家的增加值部分，FV_{ir} 指的是 r 国 i 部门出口中的国外增加值部分。等式右侧大于0表示 r 国 i 部门的全部出口值中本国国内增加值部分大于国外增加值部分，即该国这一部门在全球价值链中更偏向上游位置，反之则更偏向下游位置。但库普曼这一指标只能反映一国的某一部门更偏向上游还是下游，并不能有效反映其在全球价值链中的位置。在库普曼的基础上，波尔·安特拉斯（Pol Antràs，2012）提出上游度测算公式：

$$U_i^r = 1\times\frac{F_i^r}{Y_i^r}+2\times\frac{\sum_{j=1}^{N}d_{ij}^gF_j^g}{Y_i^r}+3\times\frac{\sum_{j=1}^{N}\sum_{k=1}^{N}d_{ik}^gd_{kj}^gF_j^r}{Y_i^r}+\dots$$

其中，U_i^r 表示 r 国 i 部门在全球价值链中的上游度，Y_i^r 表示 r 国 i 部门的总出口，F_i^r 表示 r 国 i 部门总出口中最终产品部分。U_i^r 的值越大表明 r 国的 i 部门在全球价值链中的位置越偏向上游。在安特拉斯的基础上，王直（2017）等学者定义了新的地位指数：

$$GVC\_Position_{ir} = \frac{PLv\_GVC_{ir}}{PLy\_GVC_{ir}}$$

其中，PLv_GVC_{ir} 表示基于前向联系的 r 国 i 部门的上游度，PLy_GVC_{ir} 表示的是基于后向联系的 r 国 i 部门的下游度。王直等所提出的地位指数结合了上游度和下游度，相比以往研究更能体现出某国某部门在全球价值链的地位。

除价值链地位测度外，库普曼、王直等学者还在全球价值链的基础上对显示性比较优势指数（Revealed Comparative Advantage, RCA）进行改进。在全球价值链的分工模式下，中间商品的生产通常涉及多个国家，这就使得传统依赖贸易出口额来计算一国的显示性比较优势指数变得越来越不适用，很难真实地反映一国的情况，越来越多的学者认识到要剔除掉中间商品对最终产品技术含量的贡献部分。姚洋（2008）等首先提出利用单国投入产出模型中的完全国内增值系数来剔除掉国外部分，为后续研究奠定了基础。库普曼（2018）等提出利用多国投入产出模型，用全球价值链上各国各部门的增加值作为显示性比较优势指数的依据。王直（2018）等进一步完善显示比较优势指标，重新定义了衡量一国部门的新显示性比较优势指数（RCA_Value Added）：基于产业部门前向联系计算的本国总出口中所隐含的该部门增加值占该国出口中总国内增加值的比例，相对于所有国家出口中的该部门所创造的增加值占全球总出口国内增加值的比例的比较值。其公式为：

$$RCA\_Value\ Added_i^r = \frac{(vax\_f_i^r + rdv\_f_i^r)\big/\sum_i^n (vax\_f_i^r + rdv\_f_i^r)}{\sum_r^G (vax\_f_i^r + rdv\_f_i^r)\big/\sum_r^G \sum_i^n (vax\_f_i^r + rdv\_f_i^r)}$$

王直等学者提出的新显示性比较优势指数修正了以往以贸易出口额计算的显示性比较优势指数的误导性，为衡量各国各部门是否具有比较优势提供了有效工具。

二、关于装备制造业全球价值链的研究

近年来，虽然中国制造业无论是生产规模还是贸易规模都在稳步增大，但装备制造业所面临的"低端锁定"问题逐渐加重，陈爱贞（2016）等认为中国装备制造业企业在参与国内分工与国际分工网络过程中，越来越倾向于选择参与国际分工，企业多选择贴牌代工的外向型链条模式而不是依靠本国市场的内向型联调模式，这在一定程度上束缚了中国本土企业的高附加值活动。王厚双（2017）等认为中国装备制造业处于全球价值链的低附加值环节，且参与全球价值链分工的利益日益恶化，原因之一在于发达经济体的跨国企业垄断了技术研发、售后服务、市场开拓等具有高附加值的环节。Lu, YY（2018）利用 WIOD 的数据，基于"GVC 收入"方法仔细研究了中国的电气设备制造业，以全球价值链收入结构和电气设备制造业的就业来衡量和比较

中国与其他经济体，发现中国是一个净增加值进口国，这意味着其他经济体对中国电气设备行业的增加值超过了中国对世界电气设备行业的增加值贡献。胡丽娜（2023）提出中国装备制造业转型升级面临技术创新"卡脖子"问题，产业内部结构失衡与供需结构矛盾并存，装备制造业发展模式绿色化转型迫在眉睫，巩固提升装备制造业全球市场地位十分迫切。俞仲文（2003）等分析指出中国装备制造业的劣势表现为地区分布及发展不平衡、缺乏技术开发等。由此可见，多年来中国装备制造业凭借较为廉价的劳动力和较为丰富的相关资源融入全球价值链，国际竞争力不断增强、国际贸易份额以及贸易地位不断上升，已然成为"世界工厂"。但由于发达国家对价值链的高附加值环节进行封锁，且中国以往所具有的廉价劳动力和丰富资源优势在不断丧失，导致中国陷入了核心技术基本依赖国外进口、被牢牢锁定在价值链低端环节且国际分工获利下降的境地。面对此种情况，中国装备制造业的转型升级刻不容缓，只有迅速向价值链上游攀升才能使中国摆脱现有困局。

基于装备制造业存在的问题，许多学者深入探析背后原因并提出了相应的解决措施与对策建议。丁宋涛（2013）等提出后发工业国在市场机制作用下融入全球价值链时应基于比较优势和生产要素禀赋优势，中国也正是基于此参与国际分工的。而后发工业国若想使本国企业向价值链上游发展，就势必离不开通过价值链重构来打造以自身为核心的垂直一体化产业链，而在这一过程中离不开中国政府的政策激励。肖宇（2019）等学者认为中国出口的产品中很大一部分包含了其他国家的转移价值，因此中国的制造业企业想要摆脱在全球价值链中的劣势地位，依靠技术效益来提高全要素生产率是关键。周晋竹（2017）对中国在价值链重构中的前景持积极态度，虽然在此过程中中国的部分生产环节可能被其他国家取代，甚至出现贸易萎缩现象，但危机同时也是转机，为中国产业向全球价值链上游、高附加值领域攀升提供机会。中国可通过完善全球价值链的配套服务体系并打造相关领域的大型跨国企业在全球价值链重构中占据更好地位。李蕾（2021）等基于全球价值链理论，运用因子分析法，在构建影响因素指标体系的基础上厘清了中国装备制造业升级的关键影响因素，提出推动企业技术创新、促进产业集群区域转移、引导外资流向等升级路径。

充分考虑新冠疫情的影响，戴翔（2020）等从长期角度提出：新冠疫情将倒逼中国装备制造业企业实现创新发展，促进产业结构性调整，以便在未来新一轮的价值链演进中赢得竞争新优势。特别地，在海外疫情仍在扩散的情况下，中国的经济已开始慢慢恢复，疫情对价值链的冲击将由供给转向需求，产品进出口不对称情况有所缓解。针对疫情影响，宏结（2020）等从中国角度出发，认为面对疫情，在短期内，中国应当尽力保证现有供应链不发生断链；在中期，中国应尽力提升本国产业的竞争力，减少中国产业被其他国家替代的可能性；在长期中，为实现在全球价值链中利益最大化，中国一方面要对产业链进行合理布局，另一方面要加快市场化经济体制改革，加强区域经济合作。陈勇（2021）认为新冠肺炎疫情是继中美贸易摩擦之后，中国制造业全球价值链面临的重大机遇与挑战，中国应以数字经济为发展契机，依托"一带一路"倡议，加速企业自主创新，扩大内需，加快形成国内大循环体系，创造以中国为核心的区域价值链与全球价值链。Song, YG（2021）等将全球贸易分析项目（GTAP）模型与增值模型相结合，试图模拟和评估COVID-19大流行对中国制造业在全球价值链中的影响，提出中国及其贸易伙伴在劳动分工和参与全球价值链的水平上，在不同的疫情情景中存在显著差异，另外，疫情的冲击提高了中国制造业（机电设备和计算机产品）的全球价值链参与和分工水平。

三、关于"一带一路"合作伙伴合作的研究

自"一带一路"倡议提出以来，国内学者普遍认为"一带一路"合作伙伴的合作能为各国全球价值链地位攀升带来积极作用。刘中伟（2014）分析东亚区域贸易体系和结构，发现东亚缺少一个拉动东亚内部贸易与内需、推动经济发展的市场，内部关于全球价值链整合中转移与升级的对抗很大程度上反映了各国对于东亚生产网络的主导权以及治理选项的认识差异，由此可见，东亚国家进行区域价值链合作是十分必要的，且各国之间不可避免地存在竞争。张茉楠（2016）等认为"一带一路"全球价值链的合作为中国产业转移、产业升级提供了新机遇、新思路，同时有助于拉动全球贸易更上一层楼，带来新一轮的繁荣增长。刘敏（2018）等利用面板数据进行了实证分析，

检验结果得出"一带一路"产能合作对发展中国家全球价值链地位有一定的提升作用的结论。宋婕（2022）指出"一带一路"倡议对提升中国价值链相对地位方面的确存在显著正向作用，且对中高端技术制造业的促进作用要甚于对低端技术制造业，对传统服务业的促进作用则要甚于对现代生产性服务业。

在以上研究基础上，国内外学者进一步研究了中国构建全球价值链体系的必要性以及具体路径。孟祺（2016）等指出中国构建全球价值链的可能性。他从中国角度出发，借助工业竞争力指标计算出"一带一路"不同区域内制造业整体竞争力水平，最终得出中国具备构建全球价值链的能力，并且部分"一带一路"合作伙伴通过制造业合作来拉动本国经济发展的想法十分迫切。黄先海（2017）等指出构建以中国为核心的双向"嵌套型"全球价值链分工体系是十分有必要的，主要原因是这种分工体系对中国突破"俘获式困境"①、提升国际分工地位有积极的促进作用。宋婕（2019）根据经验数据测算出的结果，初步分析了中国提出的"一带一路"倡议在全球价值链重构中的显示效应，研究结果发现"一带一路"倡议对于价值链重构已取得一些成果，但就目前全球价值链的空间布局，仍需要"一带一路"国家更多地深入参与国家分工中，但在"地位平等"层面的成果相对较少，进一步强调了沿线各国价值链合作仍需加强，才能获得实质性进展。王星宇（2019）认为金砖国家经贸合作对于"一带一路"合作伙伴价值链合作具有较大借鉴意义，将金砖国家新型合作模式嵌入到"一带一路"框架下，对"一带一路"合作伙伴价值链合作具有积极的促进作用，表现为可以在原有基础上实现更高层次的利益共享、互利共赢。何文彬（2019）以"中国—中亚—西亚经济走廊"的主要经济体为研究对象，通过实证分析了影响全球价值链升级的驱动因素，在此基础上提出：推动区域合作对于推动中国相关产业价值链升级具有重要作用，并提出在合作中要逐渐从依赖发达国家的"外围"关系向以中国为"核心"的关系转变。中国通过装备制造业价值链的合作与共享，力争向价值链高端

---

① 从全球价值链的利润分配结构看，由于产品研发、关键零件生产及市场营销这些高利润环节被发达国家牢牢占据，而一般零部件的生产和加工等低利润及中游环节则基本落脚于发展中国家，因此发达国家跨国公司容易利用其核心能力来约束发展中经济体企业的知识创造与企业能力提升，使发展中国家陷入长期的"低端锁定"困境。

转移。毛艳华（2023）认为贸易便利化通过降低贸易成本、提高技术溢出两种机制促进"一带一路"合作伙伴全球价值链参与和贸易利益获得，提出加快"一带一路"陆海天网"四位一体"互联互通布局、推动"一带一路"电子商务发展、提升在区域价值链网络中的核心地位来推动"一带一路"高质量发展。

四、关于价值链合作与共享的研究

随着以分享或共享为目标的经济资源配置模式逐步盛行，共享经济成为国内外新兴经济业态的重要代表，并逐步形成共享经济生态体系，诸多学者深度探究了有关共享的内涵与机制。谢志刚（2015）提出共享经济的出现符合哈耶克理论预期[①]，"共享"并非"共享经济"模式的核心特征，"合作"模式的扩展才是核心。郑联盛（2017）提出共享经济是基于技术手段提升闲置资源利用效率的新范式。共享经济基于所有权和使用权分离，利用信息脱域和新的信用机制，依托多方平台实现需求、供给和匹配机制的融合，降低交易成本，实现长尾效应和规模效应。周亚平（2018）以共享单车的扩散为例，研究共享经济的扩散机制。在此基础上，研究范围从简单的合作共享拓展到基于价值链的合作与共享，诸多学者深入研究了价值链合作与共享的现状与影响因素。李楠（2020）通过测算出中国区域间重工业价值链长度的变动率、价值链合作度变动率、出口包含的其他区域增加值变动率和最终需求包含的增加值变动率，发现中国国内价值链在入世后实现了重构，各区域间价值链长度明显延长，各区域间价值链合作程度显著提高。张志明（2021）等考察了地理距离对价值链合作程度的影响。理论分析表明，当地理距离位于某一特定区间时，地理距离与全球价值链合作度之间呈现出倒"U"形关系，对不同类型经济体之间价值链合作的影响大于同类型经济体，对发达经济体之间价值链合作的影响大于发展中经济体。这一研究深化了对地理距离与对外贸易关系的理解。进一步，张志明（2022）扩展了研究范围，将亚太价值链作为研

---

① 此处指哈耶克知识和自发秩序理论。这种自发秩序是指，在自由市场中，人们通过自由的协商和竞争，调节供求关系，使得市场价格可以反映商品和服务的真实价值，从而实现资源的高效配置和生产力的最大化。

究对象，构建了度量区域贸易协定深度与亚太价值链合作模式重塑的指标体系，全方位考察了区域贸易协定深化对亚太价值链合作模式重塑的影响效应。结果表明区域贸易协定深化对亚太价值链合作模式重塑具有显著的促进作用，且随着时间推移，该促进作用呈现出不断强化的态势。

针对中国与不同国家价值链的合作与共享，学者从不同视角切入逐步完善了价值链合作与共享的研究框架。赵明亮（2021）从增加值贸易角度对中国与东北亚区域价值链合作中各国的产业贸易平衡、贸易关联与需求依赖度等进行深入剖析，探明中国与各国的价值链合作关联机制、地位变化趋势、真实的贸易收益，为中国东北亚区域外，经贸战略调整和产业转型升级提供参考。张彦（2021）将视角集中在高端制造业，以东北亚地区的中日韩三国为研究对象，探索和重构具有"区域特色"和"高质发展"的区域价值链分工体系。研究发现，中日韩高端制造业区域价值链合作的基础坚实，但链主地位之争、竞合关系调整、外部不确定因素等关键问题可能演变为风险。张志明（2019）等从贸易合作方式、价值链合作方式和价值链合作深度三个视角，构建了"三维一体"的中美价值链合作模式指标体系，并实证考察了中美价值链合作模式的演进及其影响因素。结果表明：中美贸易合作呈现出"价值链合作为主、非价值链合作为辅"的特征，且存在显著的价值链合作方式、价值链合作深度及行业异质性。黄海蓉（2022）等参考上述三个视角，阐述中国 – 东盟价值链合作模式及其演变过程，并借鉴贸易引力模型对中国 – 东盟价值链合作模式演变及其影响因素进行分析，完善了价值链合作模型的研究框架，提出加强中国与东盟价值链合作紧密性，警惕中国与东盟价值链断裂风险等建议。

五、文献评述

现有的研究在全球价值链核算与测度、装备制造业嵌入全球价值链、"一带一路"倡议以及价值链合作与共享等方面均取得了丰富的成果，学者们已经关注到"一带一路"倡议与全球价值链嵌入的联系，从不同视角、利用不同方法深入细致研究了这两个不同领域的发展，国内外取得的成果相当丰硕，为本书的研究奠定了基础。

　　现有文献存在的不足之处在于：第一，在目前的研究文献中，关于"一带一路"合作伙伴价值链嵌入地位的研究主要聚焦在对中国产业升级的影响，较少有文献从合作伙伴价值链合作与共享机制这一角度出发，在定量研究基础上探究合作与共享机制。本书认为推动"一带一路"倡议的实施关键在于厘清双边与多边合作共享机制，完善顶层设计，从中国与合作伙伴双边利好的角度来剖析合作所来的效益。第二，尽管有关全球价值链与装备制造业两个领域的研究成果丰硕，但是将两者联合起来研究的成果多集中于对中国装备制造业的分析，研究单一国家的影响效应缺乏一定说服力。本书以"一带一路"合作伙伴为研究对象，实证检验 GVC 地位指数的影响因素，为促进合作伙伴要素市场的有序配置和产业的合理布局，顺应全球价值链区域化发展的趋势提供了理论依据。

　　基于已有研究，本书的研究将着重在以下两个方面进行扩展：一是在全面分析"一带一路"合作伙伴装备制造业的 GVC 地位上，刻画合作与共享的演化过程的阶段特征，揭示"一带一路"合作伙伴装备制造业价值链的演化机制，提出中国与"一带一路"合作伙伴在进行装备制造业价值链合作与共享时的具体实现路径，为提出装备制造业价值链合作与共享的中国方案指明方向和奠定基础。二是实证研究了影响"一带一路"合作伙伴装备制造业 GVC 地位指数的影响因素，将装备制造业分为基础金属制品业，机械设备制造业，运输设备制造业，计算机、通信及电子光学设备行业四个行业，分别研究每种细分行业与装备制造业总体的 GVC 地位指数，进而得出参与全球价值链的主要方式与区域竞争力差异，为推动"一带一路"倡议的实施与产业转型提供了依据，为价值链的攀升提供有力支持。

第二章

"一带一路"合作伙伴装备制造业 GVC 水平
测度与影响因素分析

第一节 "一带一路"合作伙伴装备制造业贸易现状

2010至2021年，"一带一路"合作伙伴装备制造业贸易规模呈上升趋势，计算机、通信与电子光学设备制造业贸易规模最大。分区域看，"一带一路"合作伙伴装备制造业贸易活跃程度差异较大，中东欧与东南亚地区装备制造业贸易最为活跃。中国在与"一带一路"合作伙伴的装备制造业贸易中处于贸易顺差地位，印度与东南亚国家是中国重要的装备制造业贸易伙伴。

一、"一带一路"合作伙伴装备制造业贸易规模整体呈上升趋势

2010至2021年，"一带一路"合作伙伴装备制造业稳步发展，贸易规模呈上升趋势（图2.1）。具体来说，合作伙伴装备制造业进出口规模由2010年的2.883万亿美元增加到2021年的5.590万亿美元，增幅高达94.09%，说明"一带一路"合作伙伴装备制造业在观测期内发展迅速，与世界各国的贸易往来日益密切。观测期内"一带一路"合作伙伴装备制造业的贸易发展可分为两个阶段。第一阶段是2010至2015年，该阶段内合作伙伴装备制造业贸易额增幅较小，仅从2010年的2.883万亿美元增加到2015年的3.444万亿美元，增幅19.45%，年均增幅3.62%。第二阶段是2016至2021年，随着"一带一路"

倡议的提出，合作伙伴装备制造业贸易额增幅较大，贸易额从2016年的3.408万亿美元增长到2021年的5.590万亿美元，增幅达到64.02%，年均增幅为10.40%。

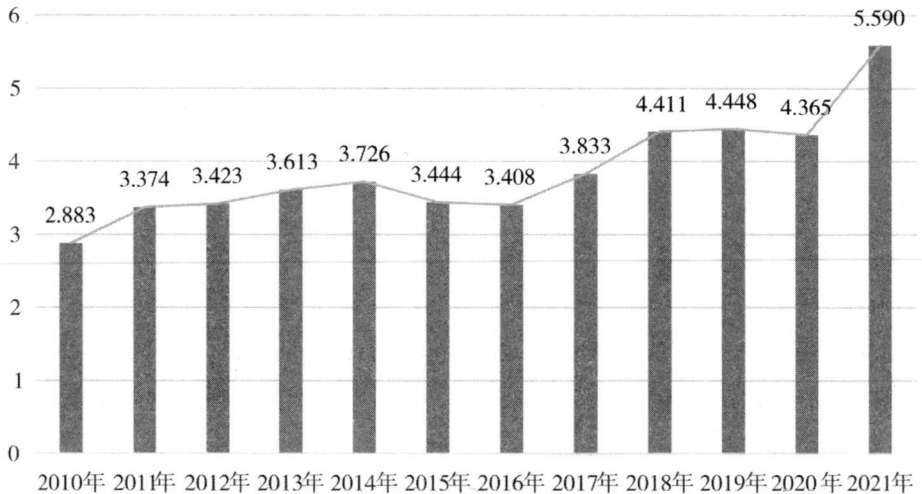

图 2.1　2010—2021 年合作伙伴装备制造业贸易规模（单位：万亿美元）

二、"一带一路"合作伙伴装备制造业细分行业贸易额差异较大

考虑中国国民经济行业分类与 UIBE GVC 数据库中的 ADB-MRIO 表的一致性，将装备制造业分为四个行业，分别为基本金属制品业，机械设备制造业，计算机、通信及电子光学设备制造业，运输设备制造业，据此进行有关细分行业的研究。"一带一路"合作伙伴装备制造业细分行业大多处于贸易顺差地位，计算机、通信与电子光学设备制造业贸易额最大（图2.2）。在研究的4个装备制造业细分行业中，2021年运输设备制造业，计算机、通信及电子光学设备制造业，机械设备制造业处于贸易顺差地位，贸易顺差额分别为0.144、0.236、0.358万亿美元，说明"一带一路"合作伙伴装备制造业具有较强的"价值输出"能力，更多地以出口中间品及制成品的方式参与装备制造业国际分工。在装备制造业的细分行业中，计算机、通信与电子光学设备制造业贸易总额最大，2021年合作伙伴该行业贸易额达到2.523万亿美元，占

装备制造业贸易总额的45.81%，说明"一带一路"合作伙伴计算机、通信与电子光学设备制造业产业规模相对较大，与世界各国贸易往来更为频繁。

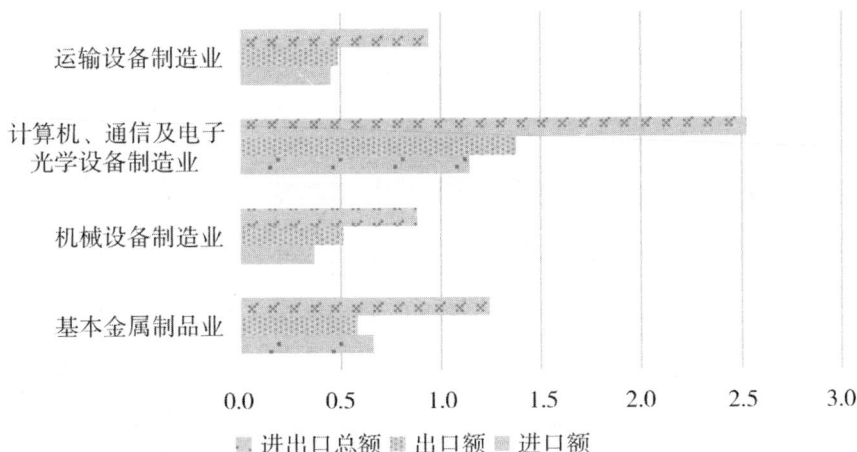

图 2.2　2021 年合作伙伴装备制造业细分行业贸易额（单位：万亿美元）

三、中东欧与东南亚地区装备制造业贸易最为活跃

"一带一路"合作伙伴装备制造业贸易活跃程度差异较大，中东欧与东南亚地区装备制造业贸易最为活跃（图 2.3）。为分析"一带一路"合作伙伴装备制造业贸易的区域特征，本节将"一带一路"合作伙伴分为 5 个主要区域，分别为中东欧、中亚、西亚中东、南亚、东南亚。装备制造业贸易最为活跃的区域为中东欧与东南亚，2021 年装备制造业贸易总额分别达到 0.971 万亿美元与 0.830 万亿美元，占合作伙伴贸易总额的 17.37% 和 14.84%，说明中东欧与东南亚地区具有良好的装备制造业发展基础，装备制造业规模较大，贸易更为频繁。分国家看，除中国外的"一带一路"合作伙伴装备制造业贸易额最大的国家分别为印度、波兰和土耳其，2021 年的贸易总额分别为 0.319、0.305 和 0.252 万亿美元。

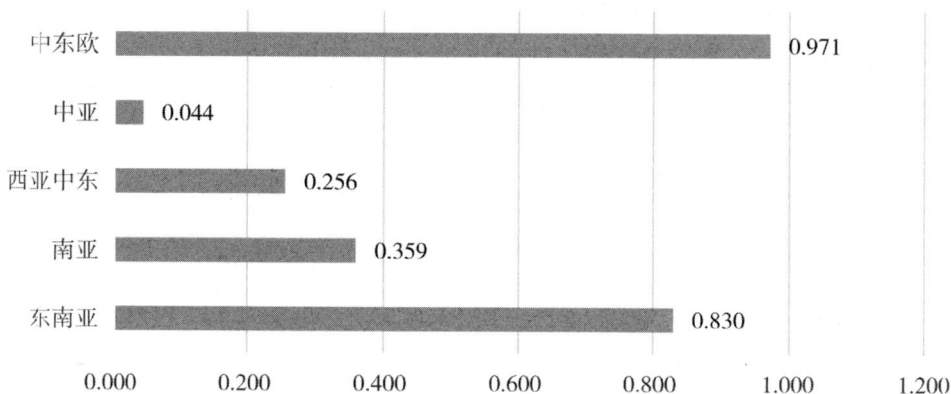

图 2.3 2021 年沿线不同地区装备制造业贸易总额（单位：万亿美元）

四、中国与"一带一路"合作伙伴装备制造业贸易合作密切

随着中国装备制造业产业体系日益完善，技术水平逐渐提升，装备制造业已经发展成为支撑中国国民经济的重要产业之一，中国也与"一带一路"合作伙伴在装备制造业上合作密切。2021 年，中国与"一带一路"合作伙伴装备制造业的贸易总额达 0.475 万亿美元，占中国与世界装备制造业贸易总额的 15.17%，说明"一带一路"合作伙伴在中国装备制造业对外贸易中占有重要的地位。在与"一带一路"合作伙伴装备制造业的跨国贸易中，中国以贸易顺差为主。2021 年中国装备制造业向"一带一路"合作伙伴的出口额为 0.349 万亿美元，占中国装备制造业总出口额的 18.53%，中国从"一带一路"合作伙伴装备制造业的进口额为 0.125 万亿美元，占总进口额的 10.08%，中国贸易顺差达到 0.224 万亿美元。

从国别的角度看，中国与东南亚国家和印度的装备制造业贸易合作密切。2021 年中国与"一带一路"合作伙伴装备制造业贸易额前五名的国家分别为越南（0.097 万亿美元）、印度（0.062 万亿美元）、马来西亚（0.053 万亿美元）、印度尼西亚（0.051 万亿美元）和泰国（0.042 万亿美元），其中，东南亚国家贸易总额占中国与"一带一路"合作伙伴装备制造业贸易总额的 51.15%，印度占中国与"一带一路"合作伙伴装备制造业贸易总额的 13.05%。

第二节 "一带一路"合作伙伴装备制造业 GVC 地位测度

一、GVC 地位测度方法

为了定义一国某行业在 GVC 中所处的地位，王直（2015）等学者采用 GVC 生产长度[①]进行刻画，提出的基于前向关联和后向关联的 GVC 生产长度分别由以下两式计算得出：

$$PLv\_GVC=Xv\_GVC/V\_GVC$$

$$PLy\_GVC=Xy\_GVC/Y\_GVC$$

其中，V_GVC 是包含在用于出口的中间品里的国内增加值，Xv_GVC 是由这些增加值所引致的全球总产出；Y_GVC 是包含在用于生产最终产品的进口中间品里的增加值，Xy_GVC 为这些增加值在进口国所形成的最终产出。因此，一国特定部门基于前向关联的 GVC 生产长度指标 PLv_GVC 的值越大，意味着从该国该产业的初始投入品到其他国家该产业的最终产品所需经历的生产步骤就越多，即该国该产业越靠近 GVC 的上游环节。类似的，一国特定部门基于后向关联的 GVC 生产长度指标 PLy_GVC 的值越大，意味着国外该产业的初始投入品到该国该产业的最终产品所需经历的生产步骤就越多。于是，可以用基于前向关联的 GVC 生产长度与基于后向关联的 GVC 生产长度之比，来衡量一国特定产业部门在 GVC 上的地位，计算公式为：

$$GVC\_Position=PLv\_GVC/PLy\_GVC$$

上式中，PLv_GVC 指的是基于前向联系的生产长度，即上游度。PLy_GVC 表示基于后向联系的生产长度，即下游度。该方法测度出的 GVC 地位可以更好地体现一国在 GVC 中的参与状况。

[①] 生产长度能够衡量一个产品生产链的复杂程度，用产品生产引致的总产出除以生产的增加值，即得到该产品生产的增加值被计入总产出的平均次数，生产的增加值被重复计算的次数越多，生产长度越长。

二、装备制造业 GVC 地位测度与结果分析

"一带一路"合作伙伴装备制造业 GVC 地位较低，观测期内 GVC 地位整体呈波动下降的趋势（图2.4）。一方面，2010年至2021年间，"一带一路"合作伙伴装备制造业大多位于 GVC 的中下游。这是因为"一带一路"合作伙伴以发展中国家为主，人力资源素质、资本存量、技术和管理水平等与发达国家相比并无优势，只能凭借廉价劳动力和资源禀赋等优势嵌入发达国家主导的 GVC。当"一带一路"合作伙伴装备制造业生产技术水平逐渐提高到对发达国家在 GVC 中的地位产生影响时，发达国家又会利用专利池[①]等各种手段阻碍"一带一路"合作伙伴的自主研发，控制价值链的高端核心环节，维持原有的垄断地位，因此，"一带一路"合作伙伴装备制造业大多处于 GVC 中低端环节。另一方面，从动态视角看，2010年至2021年，"一带一路"合作伙伴装备制造业 GVC 地位整体呈波动下降的趋势。"一带一路"合作伙伴装备制造业 GVC 地位在2010年至2012年有小幅提升。这一变化可能是由于2008年金融危机对各国经济产生冲击，2010年前后在宽松的货币和财政政策刺激下开始逐渐恢复，GVC 地位逐渐攀升。随后，由于债务风险、财务风险不断增加，发达经济体逐渐出现经济增长停滞的现象，发展中经济体和新兴经济体也受到了较大的负面影响，经济增速明显下滑，受其影响，"一带一路"合作伙伴装备制造业在 GVC 上的地位出现下降的情况，从2012年的0.903下降到2015年的0.874，下降幅度为3.2%。在2015年至2021年，随着"一带一路"倡议下各国交流与合作日益深化，装备制造业 GVC 地位逐渐趋于平稳。

---

① 专利池是一种由专利权人组成的专利许可交易平台，平台上专利权人之间进行横向许可，有时也以统一许可条件向第三方开放进行横向和纵向许可，许可费率是由专利权人决定的。

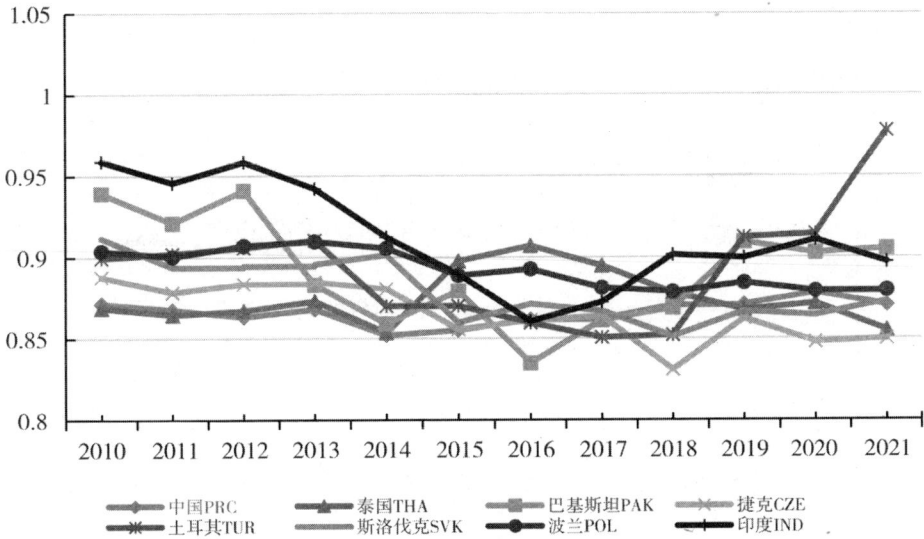

图 2.4 2010—2021 年"一带一路"沿线部分国家装备制造业 GVC 地位

三、装备制造业各细分行业 GVC 地位测度与结果分析

在观测期内，"一带一路"合作伙伴装备制造业细分行业 GVC 地位差异较大。基本金属制品业和机械设备制造业 GVC 地位相对较高，各国装备制造业细分产业间互补性较强，价值链合作基础广阔（图2.5）。

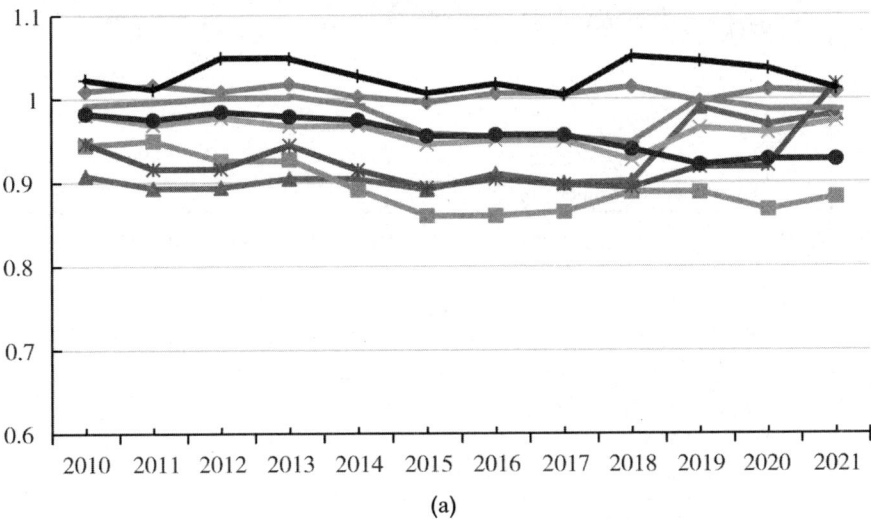

(a)

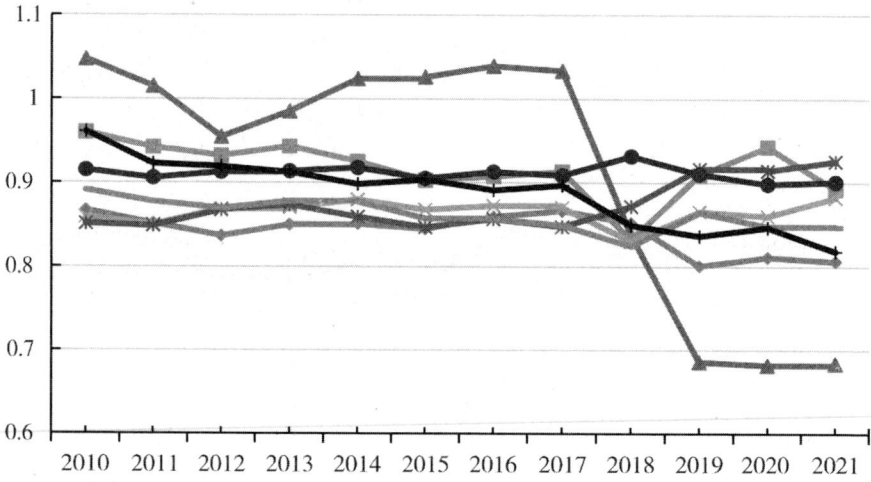

(b)

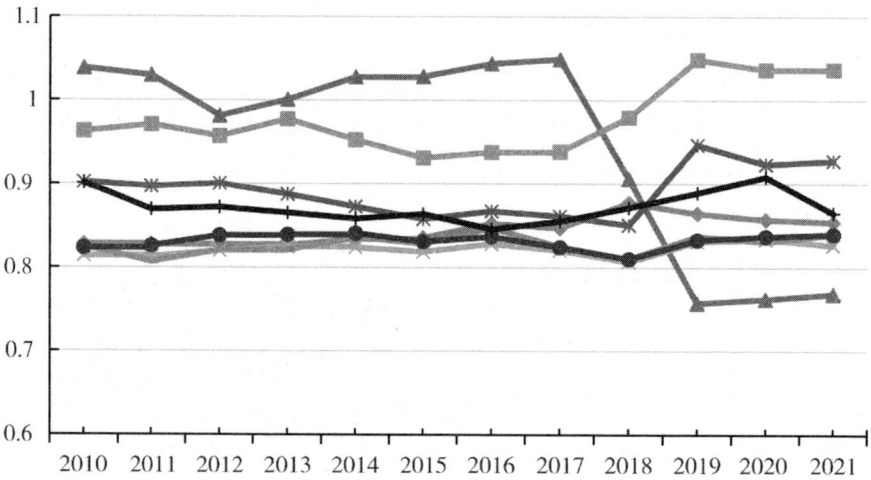

(c)

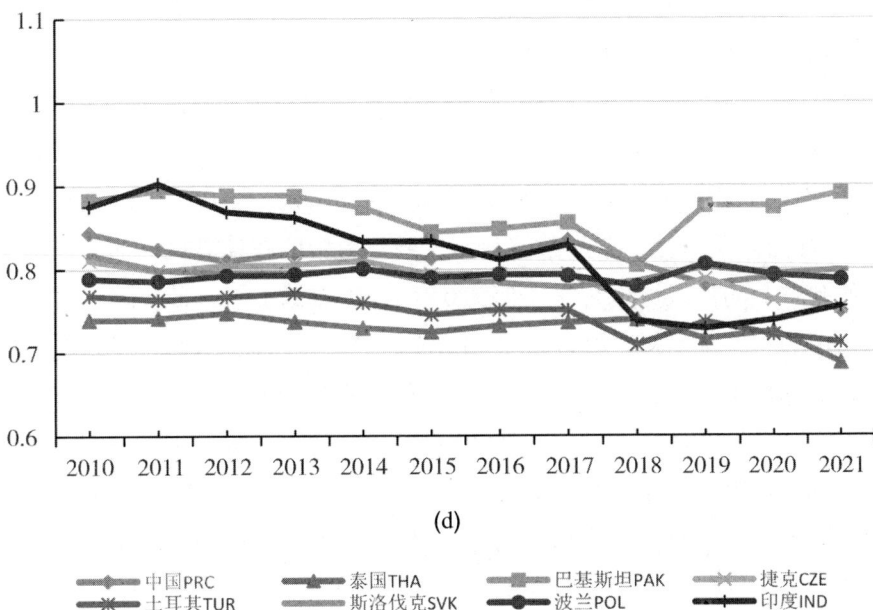

(d)

图 2.5 2010—2021 年"一带一路"沿线部分国家装备制造业细分行业 GVC 地位

注：图 2.5 中，(a)、(b)、(c)、(d) 分别为 2010—2021 年基本金属制品业，机械设备制造业，计算机、通信及光学设备制造业，运输设备制造业的 GVC 地位。

第一，总体上看，"一带一路"合作伙伴 2010 年至 2021 年基本金属制品业与机械设备制造业 GVC 地位接近 GVC 的中游，平均值分别为 0.970 和 0.979，这说明"一带一路"合作伙伴的基本金属制品业与机械设备制造业具有一定的国际竞争力。一方面，"一带一路"合作伙伴具有资源禀赋优势，在基本金属制品生产中原材料供给充裕；另一方面，部分"一带一路"合作伙伴在机械设备制造业中有着良好的技术积累（如捷克等中东欧国家），因此机械设备制造业 GVC 地位相对较高。2010 年至 2021 年，"一带一路"合作伙伴的基本金属制品与机械设备制造业 GVC 地位呈下降趋势，说明在观测期内"一带一路"合作伙伴该行业竞争优势减弱。2008 年世界金融危机后，欧美发达国家实施"再工业化"战略，加快装备制造业占据 GVC 的高附加值领域。"一带一路"沿线的部分发展中国家虽然在技术上取得了进步，但价值链的高附加值领域早已被发达国家垄断，"一带一路"合作伙伴实现价值链攀升的难度较大，因此 GVC 地位呈小幅下降趋势。

第二，"一带一路"合作伙伴装备制造业细分行业价值链地位差异较大，主要体现在计算机、通信及电子光学设备制造业上。中国在计算机、通信及电子光学设备制造业的价值链地位由 2010 年的 0.827 攀升至 2021 年的 0.854，反映了中国的"互联网+"[①]战略初显成效。但中国在计算机、通信及电子光学设备制造业的价值链地位平均值为 0.844，仍旧低于"一带一路"沿线部分国家，例如，巴基斯坦，其地位平均值为 0.977，因为巴基斯坦劳动力与原材料成本更加低廉，其产品在国际上具有价格优势，国际竞争力相对较强。泰国等一些国家 GVC 地位出现不同程度的下降，这些国家未能掌握太多有关计算机、通信及电子光学设备制造业的核心技术，长期引进发达经济体的先进技术，但自身尚未具备完全吸收先进技术的能力，反而对本国技术创新能力产生了一定负面影响，最终导致行业竞争力下降。2018 年，泰国计算机、通信及电子光学设备制造业地位出现明显下降。由于全球经济增速放缓、中美贸易战和泰铢汇率波动等因素的影响，泰国制造业生产活动随出口的萎缩而大幅放慢，导致泰国计算机、通信及电子光学设备制造业 GVC 地位呈现明显下降的趋势。

第三，从价值链合作与共享的视角看，"一带一路"沿线的每个区域中都有在相关产业中处于优势地位的国家。以东南亚地区为例，2010 年至 2021 年，中国、泰国等国家在基本金属制品业，机械设备制造业，计算机、通信及电子光学设备制造业，运输设备制造业中存在地位大于 1 的产业，说明这些国家在相关产业的嵌入位置较高，处于 GVC 的上游环节，国际竞争力较强。产业竞争力较弱的国家在区域内也可与具有比较优势的国家进行合作，提升整体竞争力，因此"一带一路"合作伙伴内的各国装备制造业细分产业间互补性较强，价值链合作基础广阔。

---

① 国家发改委《关于 2014 年国民经济和社会发展计划执行情况与 2015 年国民经济和社会发展计划草案的报告》中对"互联网+"进行了诠释，即"充分发挥互联网在生产要素配置中的优化和集成作用，将互联网的创新成果深度融合于经济社会各领域之中，提高实体经济的创新力和生产力，形成更广泛的以互联网为基础设施和实现工具的经济发展新形态"。

第三节 "一带一路"合作伙伴装备制造业 GVC 前向参与度与后向参与度测度

一、GVC 前向参与度与后向参与度测度方法

根据王直等学者提出的分析框架，采用基于前后向联系的参与度指标来反映一国某行业 GVC 前后向参与的程度。根据王直的分类，一国某行业可以通过4种方式参与 GVC 活动。[①] 从总产出的角度看，当一国企业使用进口中间品进行最终品的生产时，其参与到 GVC 活动中。一国特定产业部门的 GVC 参与度可以用两个指标来描述：前向参与度和后向参与度。前向参与度（$GVCP\_f$），即一国特定产业部门所出口的中间品里包含的国内增加值（V_GVC）占该国该产业部门国内增加值总额（VA'）的比重：

$$GVCP\_f=V\_GVC/VA'$$

后向参与度（$GVCP\_b$），即一国特定产业部门进口的中间品所引致的国内增加值（Y_GVC）占该国该产业部门最终产品总产出（Y'）的比重：

$$GVCP\_b=Y\_GVC/Y'$$

二、装备制造业 GVC 前向参与度与后向参与度测度和结果分析

在2010年至2021年间，"一带一路"合作伙伴装备制造业更多的是通过后向的方式参与到 GVC 的生产中（图2.6）。第一，2010年至2021年，"一带一路"合作伙伴装备制造业的 GVC 前向参与度和后向参与度的平均值分别为0.315和0.417，表明合作伙伴的装备制造业更多地以后向方式参与 GVC 生产。

---

① 4种参与 GVC 活动的方式为：（1）生产被进口国用于生产其自身使用的产品的中间产品；（2）生产被进口国用于生产出口产品的中间产品；（3）进口中间品，并将其用于生产其国内使用的产品；（4）进口中间品，并将其用于生产出口的产品。其中，第1种、第3种参与方式属于简单的 GVC 活动；第2种、第4种参与方式属于复杂的 GVC 活动。

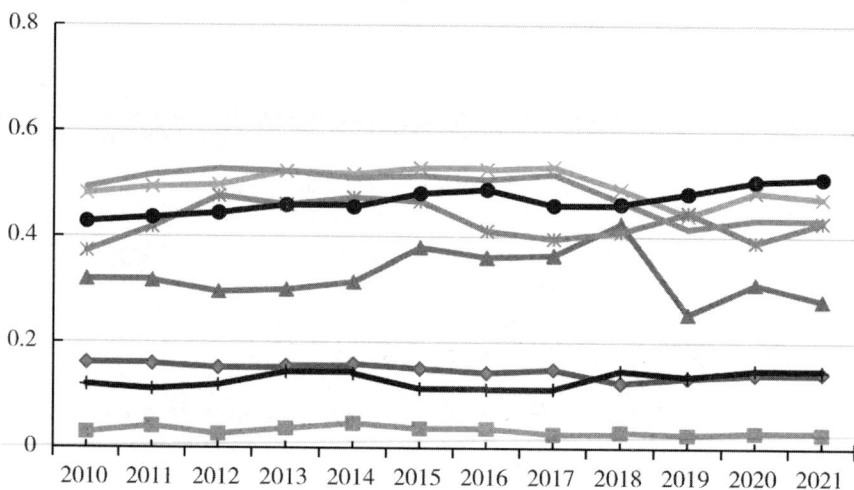

(a)

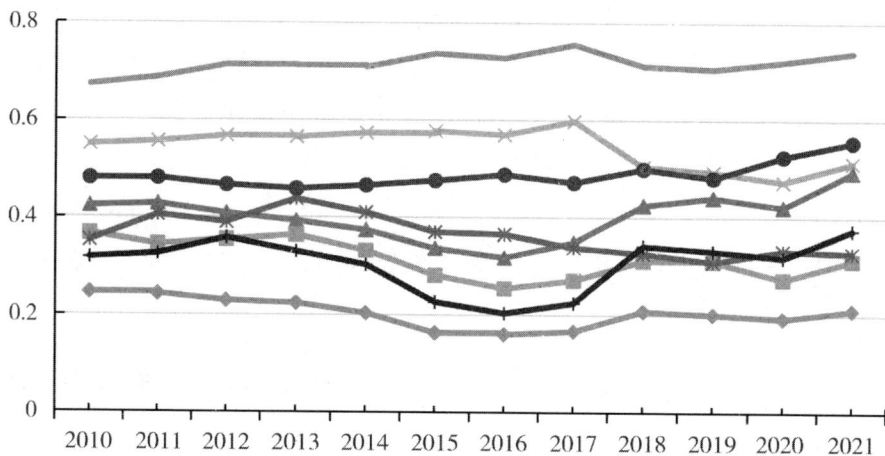

(b)

图 2.6　2010—2021 年"一带一路"沿线部分国家装备制造业 GVC 前向和后向参与度

注：图 2.6 中，(a) 和 (b) 分别为 2010—2021 年"一带一路"沿线部分国家装备制造业 GVC 前向参与度和后向参与度。

原因在于"一带一路"沿线大多数国家是发展中国家,其掌握的核心技术有限,更多的是通过承接发达国家代工生产的方式参与 GVC 分工,在此过程中,自身增值能力较弱,对产业链上其他国家的依赖性较大,因此"一带一路"合作伙伴装备制造业主要通过后向的方式参与 GVC。第二,由于"一带一路"沿线不同国家的对外依存度不同,装备制造业 GVC 参与度也存在一定的差异。与合作伙伴相比,中国装备制造业整体的前向和后向 GVC 参与程度都相对较低。2010年至2021年,中国装备制造业 GVC 前向参与度和后向参与度的平均值分别为0.147和0.204,显著低于合作伙伴装备制造业 GVC 前向参与度均值0.315与后向参与度的均值0.417。一方面,相比沿线其他国家,中国装备制造业对进口中间品的依赖程度较低,因此 GVC 后向参与度相对较低;另一方面,中国装备制造业的核心中间品生产能力也有待提升,亟须增强装备制造业核心中间品的出口能力以提升 GVC 前向参与度。不仅如此,"一带一路"沿线的欠发达国家的 GVC 前后向参与度也较低,以巴基斯坦为例,2010年至2021年,巴基斯坦装备制造业 GVC 前向参与度与后向参与度均值仅为0.033和0.314,显著低于合作伙伴前向和后向参与度的均值,反映了巴基斯坦等欠发达国家参与 GVC 分工程度较低。

三、装备制造业各细分行业 GVC 前向参与度与后向参与度测度和结果分析

2010年至2021年,"一带一路"合作伙伴装备制造业细分行业的 GVC 前向参与度整体呈增加趋势,基本金属制品业前向参与度较高,计算机、通信与电子光学设备制造业前向参与度增幅较大(图2.7)。第一,"一带一路"合作伙伴装备制造业的4个细分行业在观测期内 GVC 前向参与度均呈上升趋势,其中基本金属制品业,机械设备制造业,计算机、通信及光学设备制造业,运输设备制造业 GVC 前向参与度平均值分别由2010年的0.428、0.248、0.296、0.227上升至2021年的0.504、0.288、0.406、0.230,上升幅度分别为17.75%、16.12%、37.16%、1.32%,说明合作伙伴装备制造各细分行业出口中间品的能力在观测期内均得到增强。

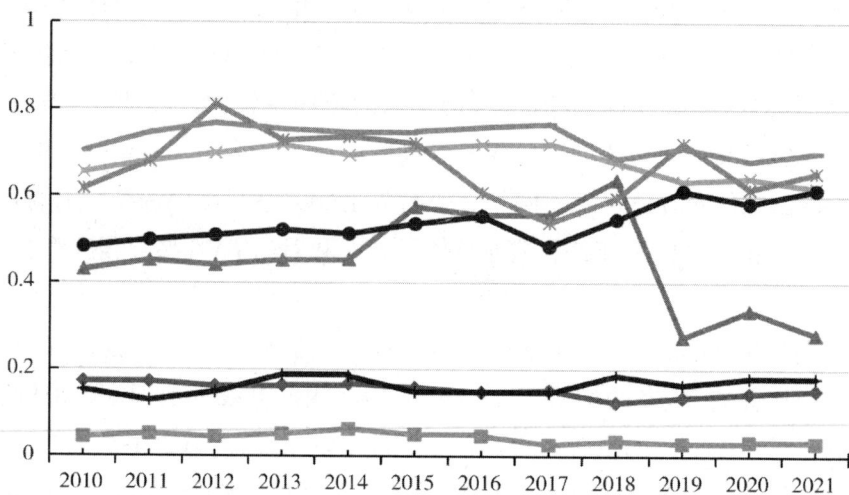

(a)

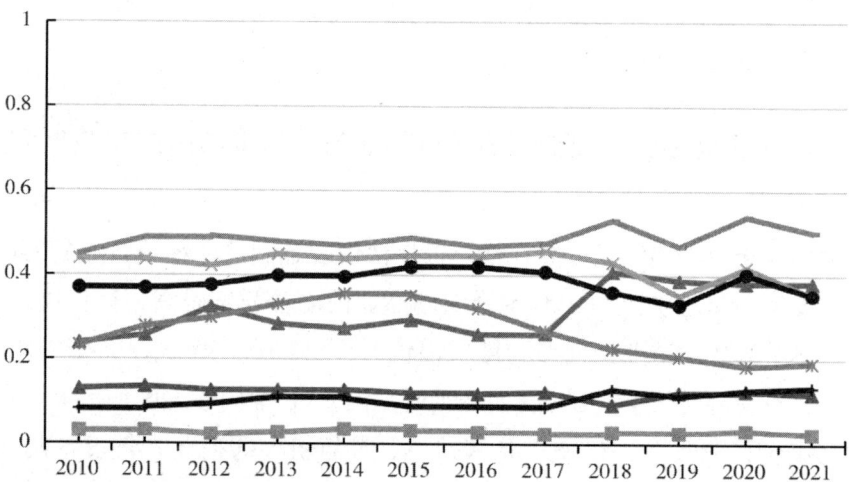

(b)

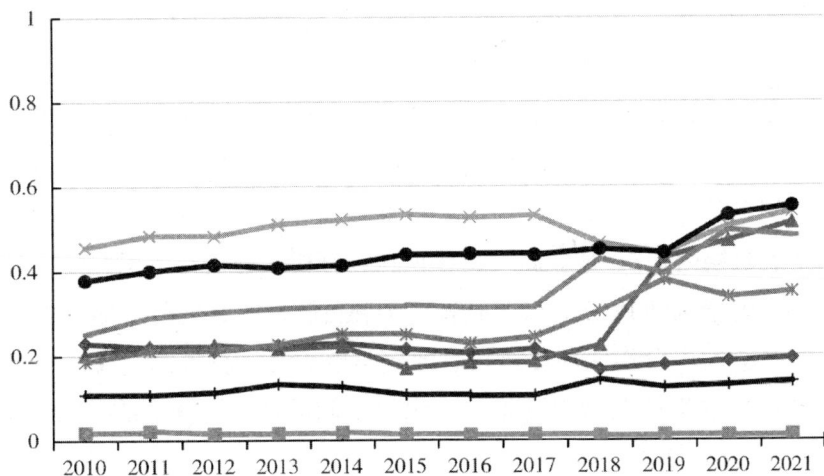

(c)

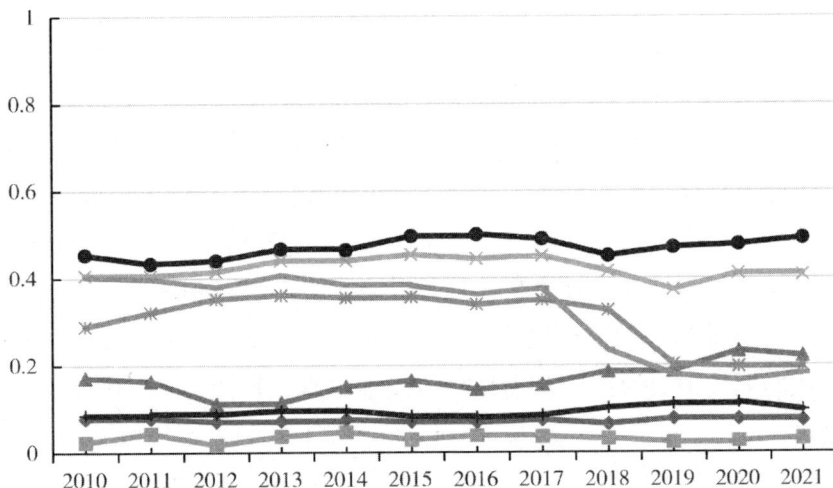

(d)

图例：中国PRC　泰国THA　巴基斯坦PAK　捷克CZE　土耳其TUR　斯洛伐克SVK　波兰POL　印度IND

图 2.7　2010—2021 年"一带一路"沿线部分国家装备制造业细分行业 GVC 前向参与度

注：图 2.7 中，(a)、(b)、(c)、(d) 分别为 2010—2021 年基本金属制品业，机械设备制造业，计算机、通信及光学设备制造业，运输设备制造业 GVC 前向参与度。

　　第二，2021年"一带一路"合作伙伴基本金属制品业GVC前向参与度平均值为0.504，显著高于同期机械设备制造业，计算机、通信及光学设备制造业，运输设备制造业GVC前向参与度均值。合作伙伴大多是发展中国家，缺乏核心生产技术，但是具备资源禀赋优势，基本金属制品业能够以出口资源加工型中间品的方式参与GVC分工，因此该行业GVC前向参与度相对较高。同时，在观测期内，"一带一路"合作伙伴计算机、通信与电子光学设备制造业前向参与度增幅达到37.16%，显著高于装备制造业其他行业前向参与度同期增幅。观测期内合作伙伴计算机、通信与电子光学设备制造业研发投入较大，关键零部件生产能力得到增强，出口中间品国际竞争力得到显著提升，因此GVC前向参与度增加。

　　第三，由于不同国家生产技术水平与对外依存度不同，装备制造业细分行业的GVC前向参与度也存在差异。捷克装备制造业细分行业的前向参与程度较高，在2010年至2021年间，捷克基本金属制品业，机械设备制造业，计算机、通信及电子光学设备制造业，运输设备制造业前向参与度的平均值分别为0.680、0.424、0.500、0.422，均超过合作伙伴对应行业同期均值，原因在于捷克的生产技术水平较高，重要中间品和核心零部件的生产能力比较强。巴基斯坦装备制造业细分行业的GVC前向参与度较低，观测期内基本金属制品业，机械装备制造业，计算机、通信及电子光学设备制造业，运输设备制造业前向参与度的平均值分别为0.042、0.029、0.015、0.032，低于合作伙伴对应行业同期均值，说明巴基斯坦经济发展水平比较低，出口中间品国际竞争力较弱。

　　除计算机、通信及光学设备制造业以外，2010年至2021年，"一带一路"合作伙伴装备制造业细分行业GVC后向参与度均呈上升趋势，但中国装备制造业的后向参与度相对较低（图2.8）。一方面，"一带一路"合作伙伴基本金属制品业、机械设备制造业、运输设备制造业GVC后向参与度平均值分别由2010年的0.404、0.350、0.418上升至2021年的0.438、0.395、0.458，上升幅度分别达到8.41%、12.85%、9.56%，而计算机、通信及光学设备制造业GVC后向参与度平均值则由2010年的0.443下降至2021年的0.439，下降幅度为9.02%。在观测期内，"一带一路"合作伙伴装备制造业除计算机、通信及光学设备制造业以外，其他装备制造业细分行业对进口中间品的依赖程度加深，更多的是以承接代工生产等"价值输入"的方式参与 GVC 分工，因此 GVC 后向参与度增加。

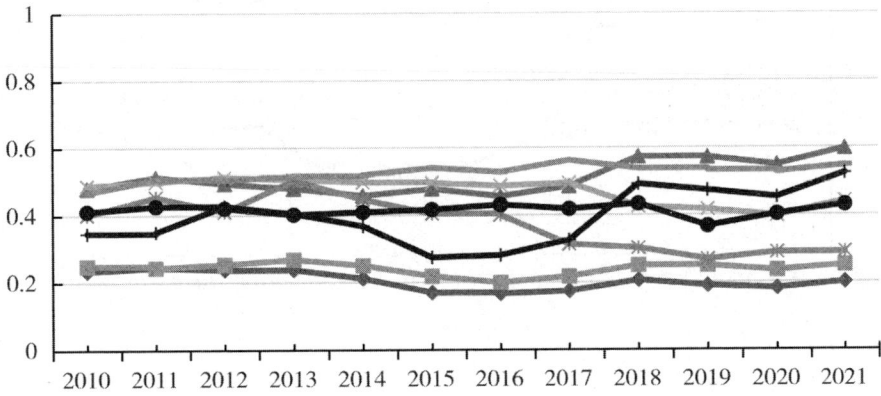

(a)

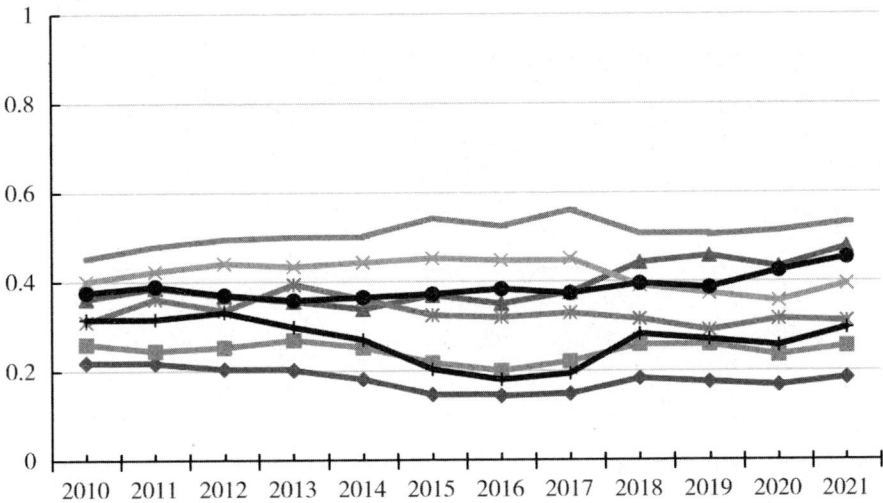

(b)

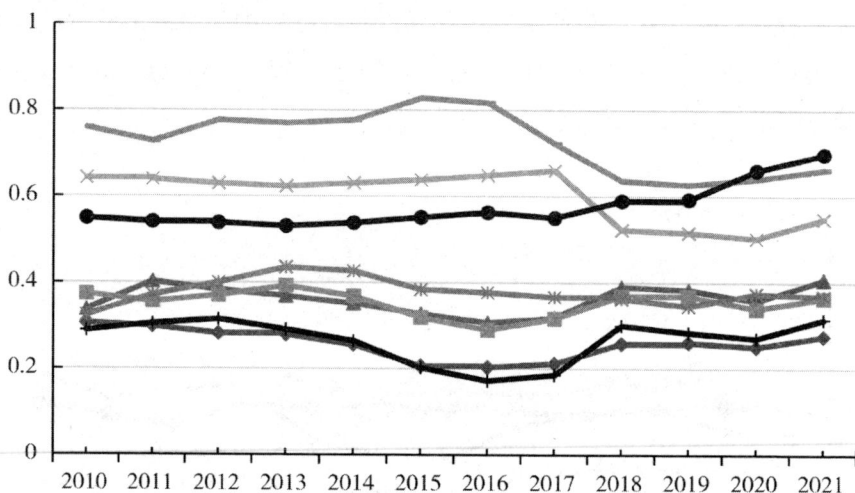

(c)

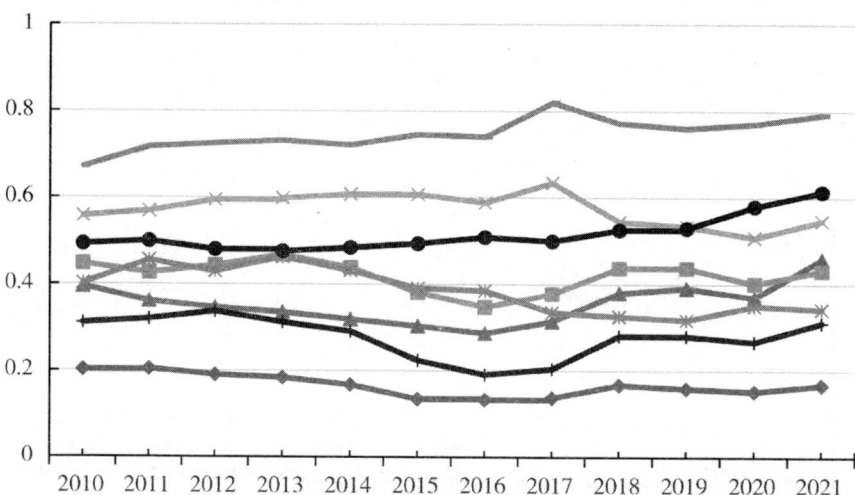

(d)

图2.8　2010—2021年"一带一路"沿线部分国家装备制造业细分行业 GVC 后向参与度

注：图2.8中，(a) (b) (c) (d) 分别为2010—2021年基本金属制品业，机械设备制造业，计算机、通信及光学设备制造业，运输设备制造业 GVC 后向参与度。

另一方面，观测期内中国装备制造业细分行业的后向参与程度相对较低。2010年至2021年，中国基本金属制品业，机械设备制造业，计算机、通信及光学设备制造业，运输设备制造业的后向参与度的均值分别为0.205、0.181、0.257、0.166，显著低于"一带一路"合作伙伴对应行业的同期均值，说明中国在逐渐摆脱以承接代工生产等"价值输入"方式参与 GVC 分工。同时最不发达国家的后向参与度也相对较低，例如，巴基斯坦等国，因为这些国家由于基础设施建设水平较差，进口中间品运输不畅使得代工生产能力无法得到充分发挥。

第四节 "一带一路"合作伙伴装备制造业 GVC 嵌入模式分析

一、GVC 嵌入模式测度方法

以"一带一路"合作伙伴 GVC 嵌入方向与中间品跨境次数为依据，将"一带一路"各国装备制造业嵌入模式系统地分为：以前向简单参与度增加为表征的前向简单嵌入模式、以前向复杂参与度增加为表征的前向复杂嵌入模式、以后向简单参与度增加为表征的后向简单嵌入模式、以后向复杂参与度增加为表征的后向复杂嵌入模式，具体构建方法如下：

$$GVC\_PAT\_f = V\_GVC/VA' = V\_GVC\_S/VA' + V\_GVC\_C/VA'$$

$$GVC\_PAT\_b = Y\_GVC/Y' = Y\_GVC\_S/Y' + Y\_GVC\_C/Y'$$

GVC_PAT_f 为 GVC 前向参与程度，即一国特定产业部门所出口的中间品里包含的国内增加值（V_GVC）占该国该产业部门国内增加值总额（VA'）的比重，反映了一国为世界各国提供中间产品的程度和能力。根据跨境次数，前向参与度可进一步划分为简单前向参与度（V_GVC_S/VA'）与复杂前向参与度（V_GVC_C/VA'）。GVC_PAT_b 为 GVC 后向参与程度，即一国特定产业部门进口的中间品所引致的国内增加值（Y_GVC）占该国该产业部门最终产品总产出

（Y'）的比重，反映了一国为获得最终产品的增加值而对外国中间品的依赖程度。后向参与度同样可根据跨境次数划分为简单后向参与度（Y_GVC_S/Y'）与复杂后向参与度（Y_GVC_C/Y'）。根据 GVC 前向简单（复杂）参与度构建以前向简单（复杂）参与度增加为表征的 GVC 前向简单（复杂）嵌入模式，根据 GVC 后向简单（复杂）参与度构建以后向简单（复杂）参与度增加为表征的 GVC 后向简单（复杂）嵌入模式。

二、装备制造业 GVC 嵌入模式特征分析

"一带一路"合作伙伴装备制造业主要通过前向复杂嵌入模式与后向复杂嵌入模式嵌入 GVC（图2.9）。2021年"一带一路"合作伙伴装备制造业前向简单嵌入模式与前向复杂嵌入模式的平均值分别为0.138和0.166，后向简单嵌入模式和后向复杂嵌入模式的平均值分别为0.125和0.031，说明在嵌入 GVC 的过程中，"一带一路"合作伙伴主要通过生产链较长、增加值多次跨境的前向复杂嵌入模式与后向复杂嵌入模式嵌入 GVC。2021年，中国装备制造业的前向简单嵌入模式指数为0.074，大于前向复杂嵌入模式指数0.068，后向

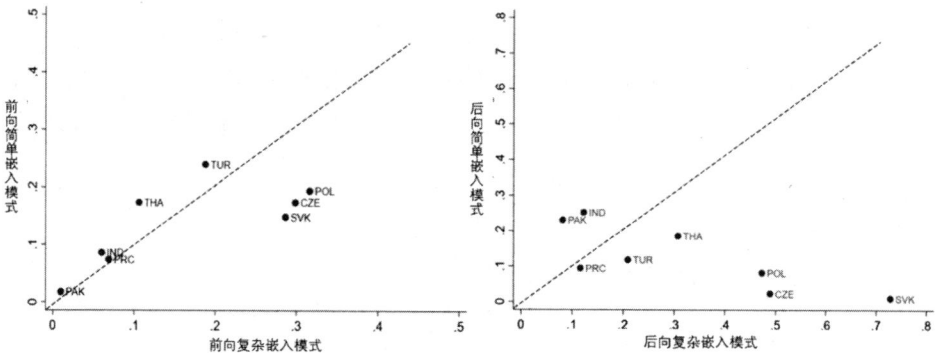

图 2.9　2021 年"一带一路"合作伙伴 GVC 嵌入模式

注：图中对角线描述的是 y=x 的关系，对角线以上的国家表示其 GVC 前向简单嵌入模式大于前向复杂嵌入模式，或后向简单嵌入模式大于后向复杂嵌入模式。PRC 为中国、THA 为泰国、PAK 为巴基斯坦、CZE 为捷克、TUR 为土耳其、SVK 为斯洛伐克、POL 为波兰、IND 为印度。

简单嵌入模式指数为0.125，小于后向复杂嵌入模式指数0.315，说明中国装备制造业主要通过前向简单嵌入模式与后向复杂嵌入模式嵌入 GVC。

在"一带一路"沿线的国家中，波兰、捷克、斯洛伐克装备制造业 GVC 前向复杂嵌入模式指数分别为0.316、0.298和0.286，高于前向简单嵌入模式指数0.194、0.174和0.149，说明这些国家主要通过前向复杂嵌入模式而非前向简单嵌入模式嵌入 GVC。波兰、捷克、斯洛伐克均为中东欧国家，相比"一带一路"沿线的东南亚、中亚区域国家而言具有良好的装备制造业发展基础，出口中间产品所经历的国外生产链条较长，增加值会在多国间经历多次跨境，因此 GVC 前向复杂嵌入模式指数较高。同时，在"一带一路"合作伙伴中，印度和巴基斯坦 GVC 后向简单嵌入模式指数分别为0.252和0.230，高于后向复杂嵌入模式指数0.122和0.008，说明印度和巴基斯坦主要通过 GVC 后向简单嵌入模式嵌入 GVC，原因可能是印度和巴基斯坦具有充裕的劳动力禀赋优势，能够以承接代工生产的方式参与 GVC 分工。发达国家跨国企业将生产订单外包给印度和巴基斯坦装备制造业工厂，直接向印度与巴基斯坦出口装备制造业生产零部件与中间品使其进行加工，此时印度与巴基斯坦装备制造业后向生产链条较短，增加值仅跨境一次，因此印度与巴基斯坦后向简单嵌入模式指数较高。

三、装备制造业各细分行业 GVC 嵌入模式特征分析

"一带一路"合作伙伴装备制造业细分行业 GVC 嵌入模式差异较小，基本金属制品业，机械设备制造业，计算机、通信与电子光学设备制造业和运输设备制造业均主要通过前向复杂嵌入模式与后向复杂嵌入模式嵌入 GVC（图2.10、2.11）。从前向嵌入的角度看，2021年"一带一路"合作伙伴基本金属制品业和机械设备制造业 GVC 前向简单嵌入模式的均值分别为0.176和0.117，低于对应的前向复杂嵌入模式均值0.227和0.140，说明合作伙伴基本金属制品业和机械设备制造业主要通过前向复杂嵌入模式嵌入 GVC。从后向嵌入的角度看，合作伙伴基本金属制品业和机械设备制造业 GVC 后向简单嵌入模式的均值分别为0.173和0.086，低于对应的后向复杂嵌入模式均值0.236和0.276，说明合作伙伴基本金属制品业和机械设备制造业主要通过后向复杂嵌

入模式嵌入 GVC。基本金属制品业和机械设备制造业属于资源密集型与技术密集型行业，"一带一路"合作伙伴进出口的中间品往往会经过多个国家的再次生产与加工，生产链条较长，增加值经历多次跨境，因此"一带一路"合作伙伴基本金属制品业和机械设备制造业主要通过前向复杂嵌入模式和后向复杂嵌入模式嵌入 GVC。

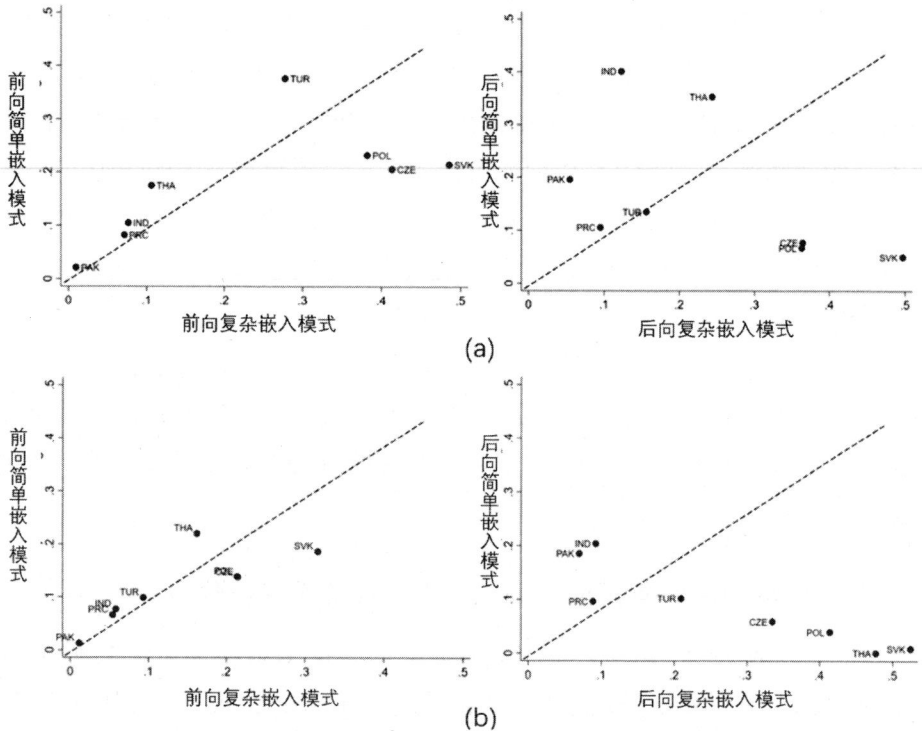

图 2.10　2021 年"一带一路"合作伙伴基本金属制品业和机械设备制造业 GVC 嵌入模式

注：图中对角线描述的是 y=x 的关系，对角线以上的国家表示其 GVC 前向简单嵌入模式大于前向复杂嵌入模式，或后向简单嵌入模式大于后向复杂嵌入模式。(a) 为基本金属制品业 GVC 嵌入模式，(b) 为机械设备制造业 GVC 嵌入模式。

2021 年合作伙伴的运输设备制造业前向和后向简单嵌入模式指数分别为 0.090 和 0.128，低于前向和后向复杂嵌入模式指数 0.122 和 0.329，说明该行业主要通过复杂嵌入模式嵌入 GVC，其嵌入模式特征与基本金属制品业和机械设备制造业一致。同时，2021 年"一带一路"合作伙伴的计算机、通信与电子光学设备制造业 GVC 前向简单嵌入模式指数为0.168，低于前向复杂嵌入模式指数0.179，后向简单嵌入模式指数为0.093，低于后向复杂嵌入模式指数0.3，说明合作伙伴的计算机、通信与电子光学设备制造业也是主要通过生产链条较长、增加值经历多次跨境的复杂嵌入模式嵌入 GVC。

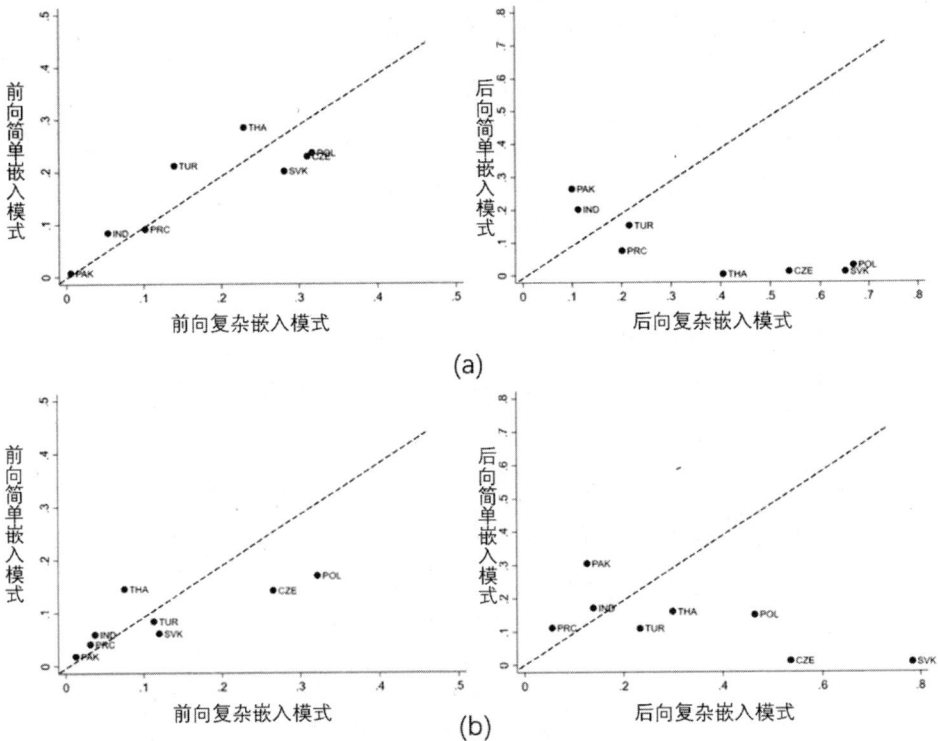

图 2.11　2021 年"一带一路"合作伙伴计算机、通信及光学设备制造业和运输设备制造业
GVC 嵌入模式

　　注：图中对角线描述的是 y=x 的关系，对角线以上的国家表示其 GVC 前向简单嵌入模式大于前向复杂嵌入模式，或后向简单嵌入模式大于后向复杂嵌入模式。(a) 为计算机、通信及光学设备制造业 GVC 嵌入模式，(b) 为运输设备制造业 GVC 嵌入模式。

第五节 "一带一路"合作伙伴装备制造业基于增加值的显性比较优势测度

一、基于增加值的显性比较优势测度方法

一国某行业传统的显性比较优势（Revealed Comparative Advantage，简称 RCA）是指一国某行业的出口总值占该国总出口的比例，相对于世界各国该行业出口总值占世界各国总出口的比例的比较值（RCA_Gross），具体公式如下：

$$RCA\_Gross_i^r = \frac{e_i^r / \sum_i^n e_i^r}{\sum_i^G e_i^r / \sum_r^G \sum_i^n e_i^r}$$

e_i^r 为 r 国 i 行业出口总值，$RCA\_Gross_i^r$ 为 r 国 i 行业的传统 RCA 指数。但是传统的 RCA 忽略了国内与国际的生产分工。[1] 为弥补传统 RCA 的缺陷，使用王直（2015）提出基于增加值的显性比较优势（$RCA\text{-}Value\ Added$）[2] 对"一带一路"合作伙伴装备制造业显性比较优势进行测度，其公式为：

$$RCA\_Value\ Added_i^r = \frac{dva\_f_i^r / \sum_i^n dva\_f_i^r}{\sum_i^G dva\_f_i^r / \sum_r^G \sum_i^n dva\_f_i^r}$$

$$= \frac{(vax\_f_i^r + rdv\_f_i^r) / \sum_i^n (vax\_f_i^r + rdv\_f_i^r)}{\sum_r^G vax\_f_i^r + rdv\_f_i^r / \sum_r^G \sum_i^n (vax\_f_i^r + rdv\_f_i^r)}$$

---

① 一方面，一国某行业的增加值可能隐含在其他行业的产品中实现间接出口，使得行业统计出口量要低于实际出口量，影响传统 RCA 指数的精准度。另一方面，从国际生产分工的角度看，一国某行业出口的产品中可能包含部分来自国外的价值，这部分来自国外的价值包括总出口中的国外增加值与来自国外账户的重复计算。因此，传统的 RCA 指数可能会造成对一国行业出口竞争力的误判。

② 基于增加值的显性比较优势是基于前向联系计算的总出口中，隐含的某行业增加值占该国总出口中所有行业的增加值之和的比例，相对于所有国家该行业的增加值占所有国家总出口中的增加值之和的比例的比较值。

其中，$dva\_f_i^r$ 表示 r 国 i 行业最终出口的国内增加值，$vax\_f_i^r$ 与 $rdv\_f_i^r$ 均表示 r 国 i 行业基于产业部门前向联系计算的增加值参与国际分工的部分。$RCA\_Value\ Added_i^r$ 为 r 国 i 行业的基于增加值的显性比较优势。当 $RCA\_Value\ Added$ 大于 1 时，证明该行业在出口中具有显性比较优势；$RCA\_Value\ Added$ 小于 1 时，证明该行业在出口中具有显性比较劣势。

二、装备制造业基于增加值的显性比较优势测度与结果分析

"一带一路"合作伙伴装备制造业各区域间出口竞争力差异较大，中东欧国家装备制造业出口竞争力相对较强，中国的装备制造业竞争优势有进一步丧失趋势（图2.12）。第一，2010年至2021年，中东欧国家的基于增加值的显性比较优势的平均值为0.985，远高于东南亚国家的平均值0.547与西亚中东国家的平均值0.556，南亚地区基于增加值的显性比较优势最低，仅为0.214。这反映了"一带一路"沿线装备制造业区域发展不平衡。很多中东欧国家出口竞争力较强，例如，斯洛伐克装备制造业基于增加值的显性比较优势达到1.539，在出口中具有明显的比较优势，原因是斯洛伐克具有良好的装备制造

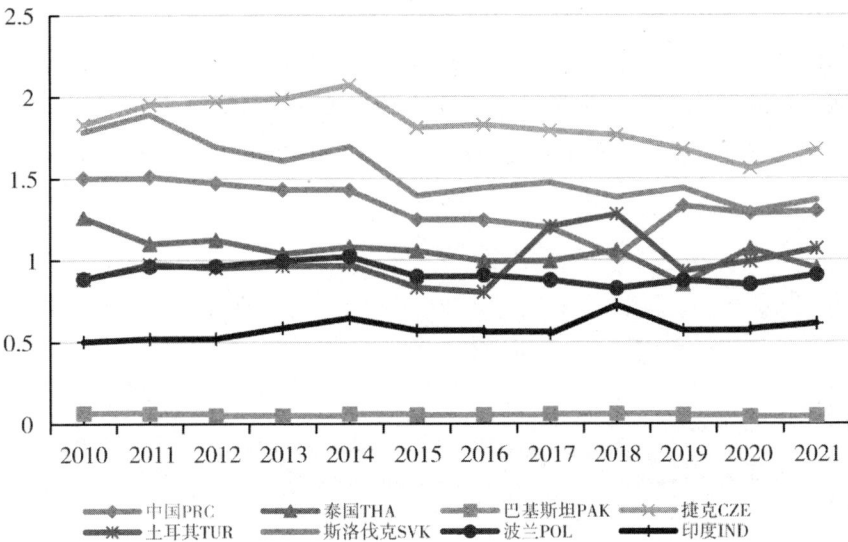

图 2.12 2010—2021 年"一带一路"沿线部分国家基于增加值的显性比较优势

业生产基础，尤其是近年来在斯洛伐克政府不断推进减免税收等贸易优惠政策的背景下，该国的运输设备制造业蓬勃发展，产量屡创新高，三大汽车制造商起亚、大众、标致雪铁龙的产量大幅增加，促进了出口竞争力的提升。

第二，2010年至2021年，中国装备制造业在出口中具有显性比较优势，但竞争优势有进一步丧失趋势。中国装备制造业的基于增加值的显性比较优势从2010年的1.501下降到2021年的1.299，下降幅度达到13.5%。在2001年，中国加入WTO，中国经济与世界经济全面接轨，国内生产的装备制造业产品大规模地出口海外市场，贸易顺差逐年提升，在此期间，中国的装备制造业体系也在不断完善。但是在2012年之后，伴随着"中国制造2025"的提出，中国装备制造业进入发展转型期，进出口的增长幅度开始趋于缓和，装备制造业各细分行业面临着不同程度的进口压力和出口压力，叠加中国劳动力等生产要素成本逐渐上升等因素，装备制造业生产成本增加，引致出口竞争力呈现出下降的趋势。

三、装备制造业各细分行业基于增加值的显性比较优势测度与结果分析

2010年至2021年，"一带一路"合作伙伴装备制造业各细分行业基于增加值的显性比较优势差异较大，基本金属制品业的基于增加值的显性比较优势相对较高，观测期内不同行业基于增加值的显性比较优势呈现不同方向和幅度的波动（图2.13）。第一，2010年至2021年，"一带一路"合作伙伴基本金属制

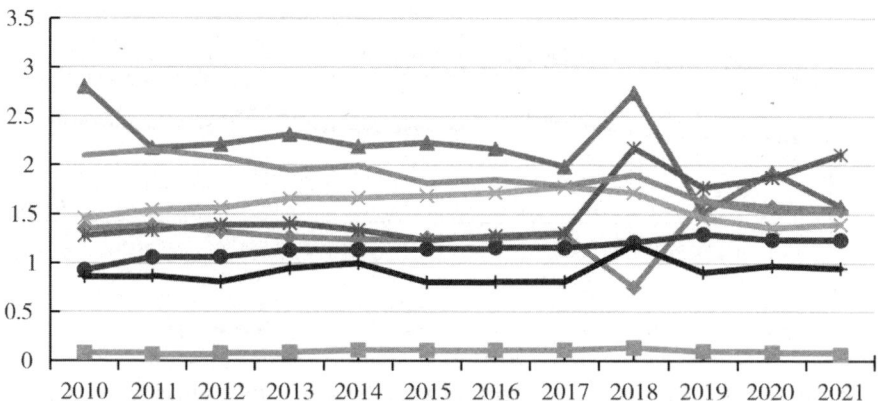

(a)

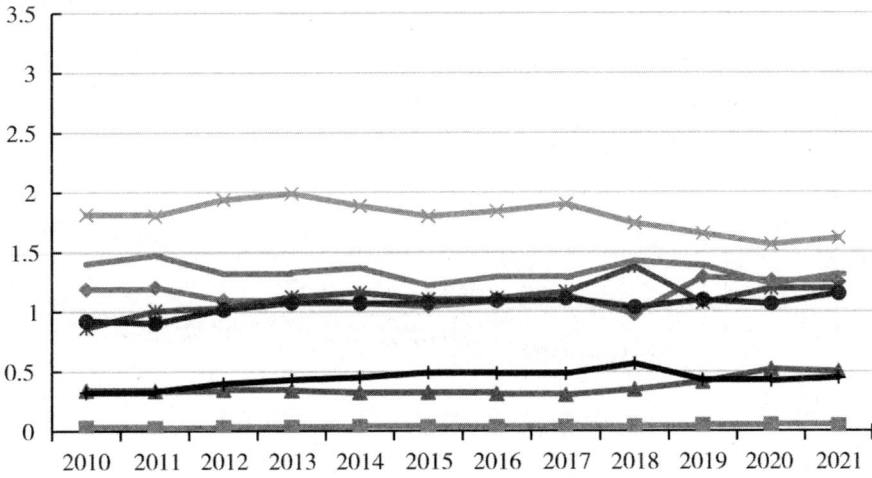

(b)

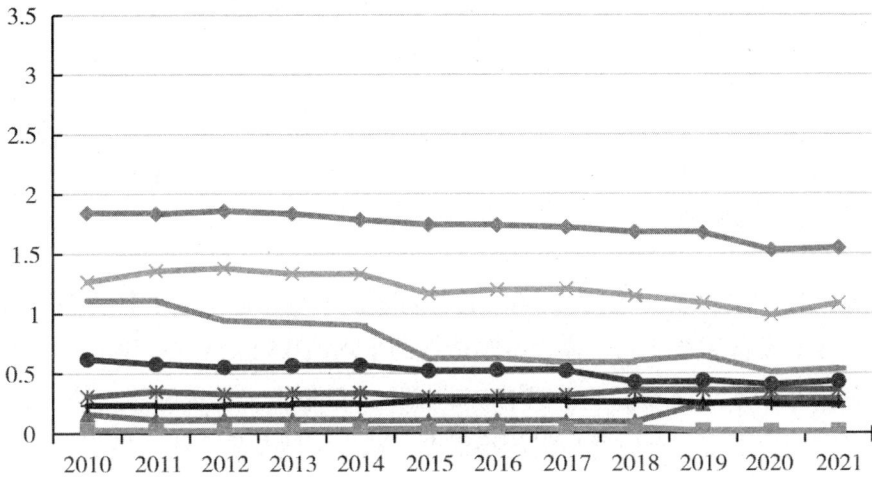

(c)

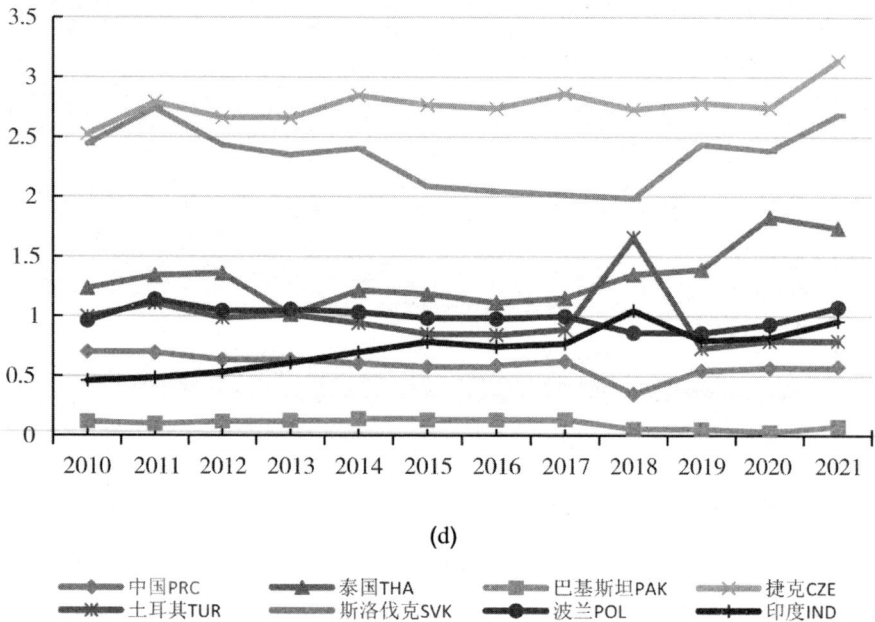

(d)

中国PRC   泰国THA   巴基斯坦PAK   捷克CZE
土耳其TUR   斯洛伐克SVK   波兰POL   印度IND

图2.13 2010—2021年"一带一路"沿线部分国家装备制造业细分行业基于增加值的显性比较优势

注：图2.13中，(a)、(b)、(c)、(d)分别为2010—2021年基本金属制品业，机械设备制造业，计算机、通信及光学设备制造业，运输设备制造业基于增加值的显性比较优势。

品业显性比较优势平均值为0.986，显著高于机械设备制造业，计算机、通信及电子光学设备制造业和运输设备制造业的平均值0.526、0.494和0.566，说明合作伙伴在基本金属制品业上具有一定的出口竞争力。"一带一路"沿线很多国家矿产资源丰富，金属原材料价格低廉，基本金属制品业能以较低的价格获取原材料，生产成本较低，在国际市场上竞争力较高，因此观测期内基于增加值的显性比较优势相对较高。以泰国为例，该国基本金属制品业在观测期内的平均值高达2.153，具有较大的显性比较优势。泰国有着丰富的矿产资源，锡、铅、铜等金属矿储量居世界前列，资源禀赋优势使得泰国的基本金属制品业生产成本较低，提高了出口的国际竞争力，因此基于增加值的显性比较优势较高。

第二，2010年至2021年，"一带一路"合作伙伴装备制造业细分行业的出口竞争力呈现不同幅度和方向的波动。除机械设备制造业出口竞争力整体呈上升趋势外，基本金属制品业、运输设备制造业的波动幅度较大，计算机、通信及电子光学设备制造业的出口竞争力有进一步丧失的趋势，斯洛伐克等国的基于增加值的显性比较优势出现较大幅度的下降。计算机、通信与电子光学设备制造业是全球化的代表性产业，分工最为彻底，由此衍生的"卡脖子"现象更普遍。"一带一路"合作伙伴大多是发展中国家，研发能力较低，掌握的核心技术有限，对把控着高端技术的发达国家依赖程度较高，需要大量进口技术密集型的中间品进行加工再出口，出口的产品中来自国外的增加值比例随之提高，因此基于增加值的显性比较优势出现下降。

第三，"一带一路"合作伙伴在装备制造业上的互补性强，协同发展潜力大。由于生产技术水平与要素禀赋的不同，"一带一路"合作伙伴装备制造业各细分行业基于增加值的显性比较优势存在差异，不同国家具有不同的装备制造业出口优势部门，存在互补性特征。如中国和泰国分别在机械设备制造业和基本金属制品业上具有较强出口竞争力，基于增加值的显性比较优势分别为1.142和2.153。以政府和企业为主体，通过涉外中介组织发挥带头引领的作用，两国可以与区域内的国家开展技术合作，发挥各自的比较优势，完善区域内装备制造业生产体系，共同提升装备制造业出口竞争力。

第六节　装备制造业 GVC 地位影响因素的实证分析

一、装备制造业 GVC 地位影响因素分析

GVC 地位影响因素的分析是一个研究热点（李丹，2022；屠年松，2019），学者们对 Feenstra（1995）提出的国际贸易与投资研究框架进行拓展，并对 GVC 上的生产阶段进行分割，发现一国的人力资本结构、对外开放程度

和技术水平三方面因素会共同作用于 GVC 地位（黄永明，2022）。在此基础上，本书考虑"一带一路"合作伙伴装备制造业 GVC 地位的实际影响因素与数据的可得性，使用一国经济发展水平取代人力资本结构因素，并通过产业规模、基础设施、人力资本衡量经济发展水平，使用贸易开放程度代表对外开放程度因素，使用生产技术水平代表技术因素。同时，考虑"一带一路"合作伙伴政体与法治完善程度不同，本书引入政府效率与法治完善程度指标，进而提出下列 7 个"一带一路"合作伙伴装备制造业 GVC 地位的影响因素，并据此构建计量模型进行实证检验。

1. 政府效率

政府效率的提升可以提高政府的反腐败水平与政治稳定程度，有助于降低企业的非生产性成本，充分发挥市场的竞争作用，让资源配置效率得到提升。

2. 法治完善程度

完善的法治体系能够降低企业的非经营性风险，增加企业的长期投资收益，加大企业对技术研发的投入，从而提升行业的 GVC 地位（王世杰，2019；江聪，2018）。容金霞（2016）通过实证检验发现制度环境的改善对 GVC 地位的推动作用仅在发达国家中较为显著，发展中国家政府仍需完善各项配套贸易法规，规范市场制度，简化海关手续。

3. 贸易开放程度

发展中国家贸易开放程度的提高能够获取来自发达国家的技术溢出，提高生产技术水平，促进 GVC 地位的攀升（敖翔，2020；余海燕，2020；阮铁源，2017）。但是，吴甲东（2019）和马野青（2017）认为贸易开放程度的增加对 GVC 地位的影响具有不确定性特征，发达国家也可能借助跨国贸易将高污染排放、低附加值的生产环节向发展中国家转移，无益于发展中国家 GVC 地位的攀升。

4. 产业规模

王珏（2020）与周蕾（2018）认为产业规模的变动会对产业 GVC 地位产生影响，生产规模的扩大能够通过规模经济降低边际成本，提升产业利润率，促进 GVC 地位的提高。

5. 生产技术水平

徐涛涛（2019）、曹琳琳（2016）和张天天（2015）认为生产技术革新能够推动产业 GVC 地位攀升，自主进行生产技术革新对 GVC 地位的促进作用要大于模仿创新。

6. 基础设施

鞠宗正（2019）在理论研究的基础上，分析了基础设施、人力资本、资源禀赋、贸易便利化等因素对装备制造业价值链地位的影响。

7. 人力资本

曹雨（2018）利用成本发现模型分析了资本深化水平、内部知识和外部知识对产业 GVC 地位的影响效果。刘佳斌（2018）则利用辽宁省装备制造业数据，发现企业发展与市场变革会对装备制造业 GVC 地位产生影响。

二、模型设定、变量选取与数据来源

根据前文的分析，构建计量模型如下：

$$GVCP_{it}=\alpha_0+\alpha_1 GE_{it}+\alpha_2 ROL_{it}+\alpha_3 OPEN_{it}+\alpha_4 IS_{it}+\alpha_5 TL_{it}+\alpha_6 IL_{it}+\alpha_7 EL_{it}+u_i+\varphi_t+\varepsilon_{it}$$

其中，$GVCP$ 为被解释变量，表示一国装备制造业的 GVC 分工地位。GE 表示政府效率，反映政府制定政策及实施的质量，利用世界银行全球治理水平中的政府效能指数进行衡量。ROL 表示法治完善程度，利用世界银行全球治理水平中的法律制度指数进行衡量。$OPEN$ 表示贸易开放度，以一国对外贸易总额占 GDP 的比重来衡量。IS 表示产业规模，以产业增加值进行衡量。TL 表示生产技术水平，用高科技出口占制成品出口的百分比进行表示。IL 表示基础设施水平，以一国的通电率进行衡量。EL 表示人力资本水平，以高等教育的入学率来进行衡量。此外，模型中还加入了个体固定效应 u_i 与时间固定效应 φ_t，以进一步控制遗漏变量问题。ε_{it} 为模型的随机扰动项。

本书选取 2010 年至 2021 年"一带一路"合作伙伴装备制造业面板数据作为样本，除被解释变量 GVCP 的数据通过 ADB-MRIO 测度出来以外，其余数据均来源于世界银行数据库。描述性统计见表 2.1。

表2.1　描述性统计

变量	样本量	平均值	最大值	最小值	标准差
GVCP	324	−0.076	0.231	−0.224	0.071
GE	324	0.002	0.939	−3.244	0.751
ROL	324	0.670	1.231	−0.313	0.358
OPEN	324	4.347	5.226	3.064	0.561
IS	324	23.610	29.213	20.194	1.909
TL	324	2.284	4.205	−2.164	1.249
IL	324	4.545	4.605	3.437	0.138
EL	324	3.758	4.906	1.620	0.622

三、实证结果与分析

为避免多重共线性对回归结果的干扰，本书首先进行方差膨胀因子（Variance Inflation Factor, VIF）检验，结果见表2.2。可以看出本书所选变量的方差膨胀因子均小于经验值10，证明模型不存在严重的多重共线性问题。

表2.2　方差膨胀因子检验

变量	VIF	1/VIF
GE	7.62	0.131
ROL	5.67	0.176
OPEN	1.48	0.677
IS	1.36	0.734
TL	1.82	0.550
IL	2.64	0.379
EL	2.58	0.387

由于"一带一路"合作伙伴装备制造业数据的干扰项不同，可能存在异方差和自相关问题，这容易导致普通的OLS估计失效。为了矫正偏差，本书使用全面可行广义最小二乘法（FGLS）来进行估计，结果见表2.3。

表2.3 面板数据实证结果

变量	（1）	（2）	（3）	（4）	（5）	（6）	（7）
GE	0.033***	0.029***	0.025***	0.027***	0.041***	0.033***	0.035***
	(0.006)	(0.007)	(0.006)	(0.006)	(0.006)	(0.006)	(0.006)
ROL		−0.011	0.031	0.069***	0.067***	0.100***	0.102***
		(0.023)	(0.024)	(0.022)	(0.024)	(0.015)	(0.014)
OPEN			0.057***	0.041***	0.052***	0.051***	0.058***
			(0.012)	(0.012)	(0.013)	(0.009)	(0.010)
IS				−0.150***	−0.123***	−0.119***	−0.118***
				(0.018)	(0.016)	(0.016)	(0.015)
TL					0.008**	0.004	0.005
					(0.004)	(0.003)	(0.003)
IL						0.032	0.038*
						(0.021)	(0.021)
EL							0.009
							(0.008)
Cons	−0.098***	−0.122***	−0.344***	3.994***	3.170***	2.913***	2.776***
	(0.006)	(0.011)	(0.054)	(0.538)	(0.492)	(0.487)	(0.483)
Individual	YES	YES	YES	YES	YES	YES	YES
Iime	YES	YES	YES	YES	YES	YES	YES

注：*、**、***分别表示10%、5%、1%的水平上显著；括号内为标准误。

一国政府效率的提升、法律的完善和市场的开放程度扩大均对GVC地位起促进作用，见表2.3。在逐渐加入解释变量后，GE、ROL和OPEN的回归结果显著为正，政府效率的提升增强了政府对市场的管控能力，完善了市场法规。健全的法律制度与贸易开放度的扩大，规范了本国营商环境的同时也降低跨国公司投资的不确定性，吸引跨国公司前来投资。跨国公司给东道国带来了先进技术，形成技术溢出效应，提高东道国装备制造业的整体水平，进而对 GVC 地位起促进作用。

IS 的回归结果显著为负，说明行业规模的扩大不利于"一带一路"合作伙伴装备制造业 GVC 地位的攀升。"一带一路"合作伙伴由于核心生产技术不足，主要依靠劳动力与资源禀赋优势嵌入 GVC 微利化的中低端生产环节。产业规模的扩大会在短期内迅速增加能源消耗与劳动力成本，降低装备制造业利润，不利于合作伙伴装备制造业产业升级，阻碍装备制造业向低能源消耗、高附加值的 GVC 高端环节攀升。

TL、*IL*、*EL* 的回归结果为正，说明"一带一路"合作伙伴生产技术的提高、基础设施的完善、人力资本水平的提升对装备制造业 GVC 地位起促进作用。生产技术水平的提升能够提高装备制造业的生产效率，合作伙伴装备制造业企业固定经济产出所需的要素投入下降，节约了装备制造业生产成本，提升了国际竞争力，促进了 GVC 地位攀升。同时，基础设施的完善与人力水平的提升增强了合作伙伴的生产配套能力，保障了合作伙伴具有完善的基础设施与充足的人才储备以进行装备制造业的产业升级，提升 GVC 地位。

第三章

"一带一路"合作伙伴装备制造业价值链合作与共享机制构建

第一节 "一带一路"合作伙伴装备制造业价值链合作机制

一、"一带一路"合作伙伴装备制造业价值链合作机制的分类

合作机制是推动"一带一路"合作伙伴装备制造业进行国际产能合作的制度保障。"一带一路"合作伙伴装备制造业价值链合作机制主要分为价值链上下游合作机制以及价值链同一位置的分工细化机制两种形式（见图3.1）。价值链上下游的分工合作机制即上游生产环节为下游生产环节提供零部件、生产设备等中间投入品，下游生产环节为上游生产提供劳动、技术服务等。价值链同一生产位置的分工细化机制是指装备制造业整体处于价值链的同一位置的国家，根据细分行业在价值链的不同位置进一步细化分工，让处在价值链同一位置的国家间互相提供中间投入品、劳动服务、技术服务等。综合上述合作机制，不仅可以加强"一带一路"合作伙伴区域内装备制造业的合作，有助于实现沿线各国装备制造业在全球价值链分工中整体地位的提升，同时向价值链两端具有高附加值的方向移动。

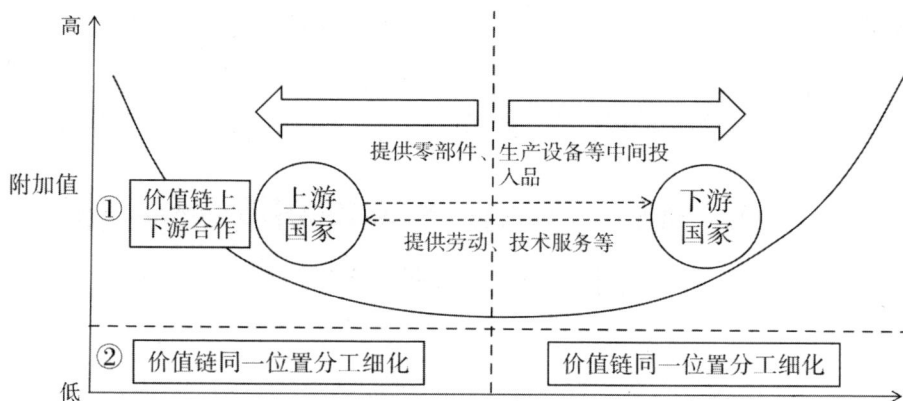

图 3.1 "一带一路"合作伙伴装备制造业价值链合作机制

二、"一带一路"合作伙伴装备制造业价值链合作机制的主体

"一带一路"合作伙伴装备制造业价值链合作的主体包括政府和企业,涉外中介组织起到支撑引领的作用(见图3.2)。首先,与"一带一路"合作伙伴政府间建立双边和多边合作。双边合作指的是充分利用现有合作混委会、指导委员会等双边机制,推动签署合作备忘录。目前,中国与缅甸政府已成立"一带一路"指导委员会,与意大利政府达成中意经济合作混委会等,以加强"一带一路"框架下的经贸合作。加强多边合作指的是充分发挥现有多边合作机制的作用,如上海合作组织、亚洲合作对话、中阿合作论坛等,加强"一带一路"合作伙伴间的沟通与交流,为中国装备制造业"走出去"提供服务和支持。

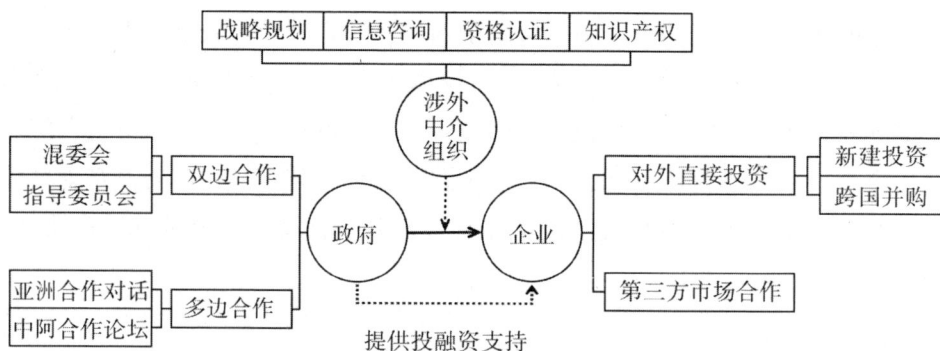

图 3.2 "一带一路"合作伙伴装备制造业价值链合作主体

与此同时，充分发挥金融机构，如亚洲基础设施投资银行、国家开发银行、中国进出口银行等为企业提供投融资支持。其次，充分发挥涉外中介组织在"一带一路"合作伙伴装备制造业合作中的支撑引领作用。专业化的涉外中介组织了解国外市场需求，在"一带一路"合作伙伴设有办事处，可以提供战略规划、信息咨询、知识产权和资格认证等服务。最后，企业与"一带一路"合作伙伴装备制造业的国际合作方式主要分为对外直接投资和第三方市场合作①两种，对外直接投资包括新建投资和跨国并购。目前中国与装备制造业产业基础较好的国家与地区共同建造产业园区，例如，中国—白俄罗斯工业区。

三、"一带一路"合作伙伴装备制造业价值链合作机制的动力因素

推动"一带一路"合作伙伴装备制造业价值链合作的动力因素主要有三方面。一是国家层面的动力因素，国家层面的动力因素主要包括合作潜力和空间大以及双边投资稳步增长两方面；二是行业层面的动力因素，行业层面的动力因素主要包括装备制造业产业基础雄厚和满足产业转移的需要两方面；三是企业层面的动力因素，企业层面的动力因素主要包括更广阔的国际市场和寻求廉价劳动力两方面。通过国家、行业和企业层面动力的作用，推动中国与"一带一路"合作伙伴装备制造业价值链合作（见图3.3）。

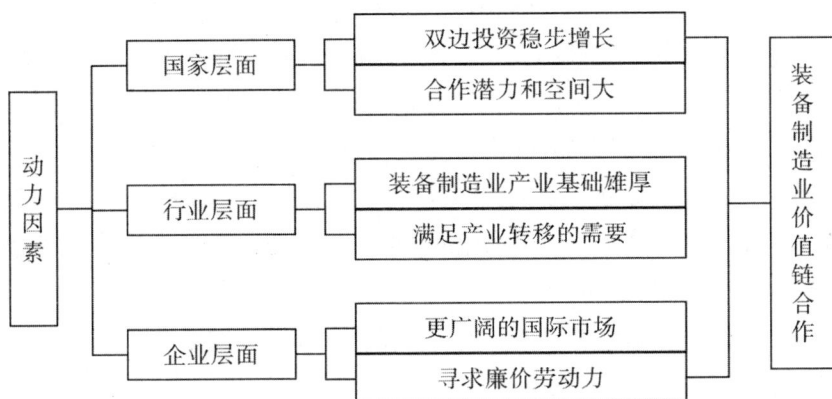

图 3.3 "一带一路"合作伙伴装备制造业价值链合作动力因素

---

① 第三方市场合作指的是中国企业与他国优势互补企业共同在"一带一路"合作伙伴开展经济合作，最终实现"1+1+1>3"的效果。

1. 国家层面

双向投资稳步增长为"一带一路"合作伙伴装备制造业价值链合作提供了强大的动力。一方面，中国对"一带一路"合作伙伴直接投资不断增加。《2021年度中国对外直接投资统计公报》数据显示，2021年中国对"一带一路"合作伙伴直接投资流量总额达241.5亿美元，较上年增长了1.07%，从行业构成看，投资主要流向投资制造业、批发和零售业、租赁和商务服务业、采矿业等行业，其中对制造业直接投资总额达94.3亿美元，占对"一带一路"合作伙伴直接投资总额的39%，较上年增长22.8%。从国别构成看，投资主要流向新加坡、印度尼西亚、越南、泰国、马来西亚、老挝、阿拉伯联合酋长国、哈萨克斯坦等国家。另一方面，2021年"一带一路"合作伙伴对中国直接投资流量总额达112.5亿美元，较上年增长了36%，占同期中国吸收外资总额的6.5%。从行业构成看，投资主要流向制造业、租赁和商务服务业、房地产业、交通运输、仓储和邮政业、批发和零售业等行业。由此可见，制造业也是双边投资的重点产业之一，为中国与"一带一路"合作伙伴装备制造业价值链合作奠定了坚实的基础。

"一带一路"合作伙伴装备制造业价值链合作符合各国推进工业化进程的需要，"一带一路"合作伙伴大多是发展中国家，资源禀赋、发展环境不同，正处在以制造业为主的工业化时期，经济发展基础薄弱，不但缺少技术，而且缺乏运营、管理经验。装备制造业合作一方面能很好地满足这些国家产业发展的需求，另一方面有助于中国装备制造业"走出去"。此外，"一带一路"合作伙伴在装备制造业价值链的合作潜力大。例如，在中东欧区域内，捷克在装备制造业各细分行业都具备较强的国际竞争力，匈牙利和斯洛伐克在运输设备制造业和基本金属制品业上基于增加值的显性比较优势指数的平均值分别为1.608和1.609。凭借"一带一路"合作伙伴装备制造业各细分行业的国际竞争力，发挥各自的比较优势，推进"一带一路"合作伙伴间装备制造业价值链的合作。

2. 行业层面

中国装备制造业产业基础雄厚，已经具备"走出去"的实力。中国装备制造业总产值早在2009年已位列世界第一。由于产业规模对装备制造业全球价值链地位具有显著的正相关性，即产业规模的扩大有助于价值链地位的提升。因此，中国装备制造业规模的不断扩大为装备制造业"走出去"提供了强有力的支持，特别是在有色、钢铁和建材等行业表现出强有力的制造、建设和运营管理的能力，在国际上拥有很强的比较优势。

推动中国与"一带一路"合作伙伴装备制造业价值链合作满足中国产业转移的需要。一直以来，包含装备制造业在内的工业领域产能富余问题成为制约经济发展的一大问题，并且对比日本、德国等制造业强国，中国装备制造业的综合实力还有待加强。目前，"一带一路"合作伙伴能源设施、电网、铁路、公路等基础设施建设正加快推进，为中国带来了基础设施相关设备的出口需求，并对装备制造业解决结构性过剩问题提供了新路径。

3. 企业层面

"一带一路"倡议的提出为中国企业"走出去"提供了更广阔的国际市场。目前，中国装备制造企业尤其是钢铁企业在"一带一路"建设中发展势头良好，涌现了一批重要的海外钢铁生产基地和海外钢铁兼并收购、绿地建厂等项目。企业规模的扩大使得企业生产产品的成本降低、产量增加，品牌知名度与认同度有所提升，使产品在国际上拥有更广阔的市场，具备更强的国际竞争力。产品竞争力的提升拉动企业在国际市场的竞争力，企业竞争力的增强带来了更大的经济能力，使其有足够的经济实力在研发、销售等高附加值生产环节进一步深化发展，由此形成良性循环。对企业而言，通过与"一带一路"合作伙伴装备制造业国际产能合作，一方面可以利用国际市场对富余产能进行消化，另一方面可以开拓国际市场，增强国际竞争力，提升企业形象，进一步实现利益最大化。

劳动力供给不足使得企业在更广阔的国际市场上寻求劳动力供给。当前，中国的人口结构已发生了较大的调整，劳动力供求结构性矛盾日益凸显，很大原因在于老龄化进程的加快和生育率的走低，适龄劳动人口减少，使得劳动力供给规模持续下降。国家统计局数据显示，2021年制造业城镇单位就业人员人数为3828万人，同比增长1%，制造业城镇单位就业人员平均工资为92459元，同比增长1.1%，说明中国劳动成本优势正在逐渐减弱。而大部分的"一带一路"合作伙伴是发展中国家，劳动力成本相比于中国更加低廉。因此，寻求更廉价的劳动力成为企业与"一带一路"国家装备制造业价值链合作的重要动力之一。

第二节 "一带一路"合作伙伴装备制造业价值链共享机制

"一带一路"建设通过商品、资金、技术、人员的流通，旨在使合作伙伴充分发挥自身的资源优势，更好地融入全球供应链、产业链、价值链，进而释放市场活力，促进贸易自由化、投资便利化，实现利益共享。而装备制造业一直是中国与"一带一路"合作伙伴加强产业合作的重点产业，因此构建"一带一路"合作伙伴装备制造业价值链共享机制是十分必要的。"一带一路"合作伙伴装备制造业价值链共享机制是"一带一路"合作伙伴利益共享得以正常运转和实现的规则与制度保障，它是由多环节、多方面内容组成的一个有机整体，包括信息共享机制、技术共享机制、利益共享机制、文化共享机制。其中信息共享是前提，是实现技术共享和利益共享的基础；技术共享是对信息共享的进一步升级，是实现利益共享的必经之路；利益共享是实现"一带一路"合作伙伴装备制造业价值链共享的最终目标；文化共享是合作窗口，贯穿信息共享、技术共享与利益共享的全过程，起到了提升沿线各国的共享意识的作用（见图3.4）。

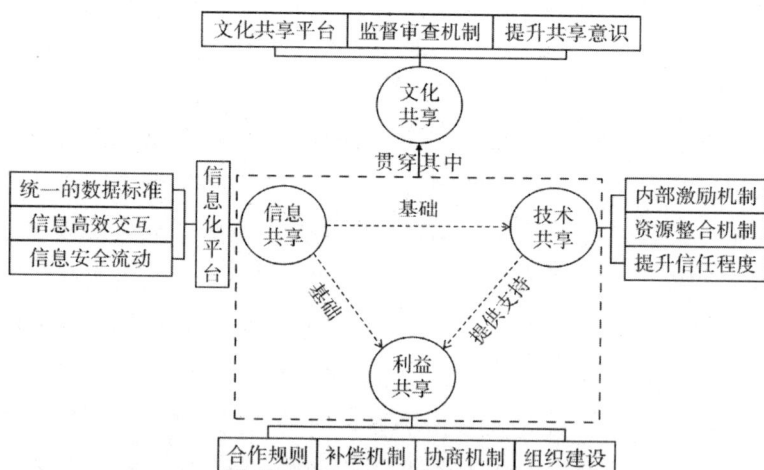

图3.4 "一带一路"合作伙伴装备制造业价值链共享机制

一、信息共享机制

实现"一带一路"合作伙伴装备制造业价值链共享的前提是信息共享。鉴于"一带一路"合作伙伴装备制造业信息存储于各自的数据库，信息共享是在自有数据库的基础上搭建信息化平台，建立"一站到底"的服务方式，实现装备制造业信息共享与互联互通，以信息化带动装备制造业升级。信息共享的目标分为三方面。第一，以国际行业标准为基础建立统一的数据标准，数据标准是实现信息共享的基础。第二，确保信息实时更新同步、高效交互。充分利用5G技术、人工智能等信息技术，实现"一带一路"合作伙伴装备制造业信息采集的全面化、精准化、自动化，实时掌握行业相关资讯，确保信息的实时更新与同步。第三，保证信息安全流动。在信息传递以及交换的过程中，保证信息的安全性和可追溯性，避免内外部的安全攻击是实现信息共享的关键一环。

二、技术共享机制

在信息共享的基础上，通过建立技术共享资源整合机制、建立内部激励机制、提高成员之间的信任来实现技术共享。一国装备制造业技术水平的提升对全球价值链地位的提升有着显著的促进作用，如果一个国家具备较强的研发能力与先进的生产技术和管理能力，其技术优势很难被其他国家替代，该国就具备很强的竞争优势，在全球价值链中的地位和作用也更加重要。第一，建立技术共享资源整合机制。要求重新安排处于装备制造业价值链上下游的"一带一路"合作伙伴的权利义务，消除对资源所有者和资源使用者的界定，最终实现资源互通。同时，政府以及地方协会等通过制定并出台鼓励沿线各国资源共享的政策以及相关的法律法规，建立具有公信力的、统一的资源整合制度，在制度上保证技术共享资源整合。第二，建立内部激励机制。建立公平、公正、合理的内部激励机制，将"一带一路"合作伙伴研发团队与装备制造业相关的技术成果作为绩效奖酬的标准之一，从而激发技术研发的积极性。同时，政府应当加大对研发团队的投资力度，共同搭建内部激励机制。第三，提升各国之间的信任程度。提升各国之间的信任不仅可以缩短各国之间的社交距离，拉近彼此之间的关系，形成密切的关系纽带，而且有助于提高各国的沟通效率，节约合作成本，提升整体技术共享的水平。考虑到"一带一路"合作伙伴不仅包括发达经济体还包括发展中经济体，经济发展水平差异较大，因此首先争取与装备制造业技术水平较高的国家、处在装备制造业价值链上游、处于工业化进程后期的发达国家，例如，新加坡，达成装备制造业的技术共享。世界知识产权组织发布的《2022年全球创新指数报告》数据显示，新加坡全球排名第七，是"一带一路"合作伙伴中最具创新力的经济体。

三、利益共享机制

在信息共享和技术共享的基础上，实现"一带一路"合作伙伴的利益共享。利益共享是以各国政府和企业的利益诉求为出发点，对于合作所带来的收益进行公平合理的共享。利益的分配主要依据各参与国在合作过程中的投入与贡献的大小，旨在提高各国的积极性。利益共享机制包括合作规则、协商机制、利益补偿等多方面的内容。政府是利益共享的主要实施者，而制度和政策是其主要的实施手段。第一，建立与"一带一路"合作伙伴相容的合作规则及利益协调制度，可以将追求本国利益最大化和"一带一路"合作伙伴整体利益最大化的目标统一起来。第二，建立制度化的利益协商机制，有助于稳定合作伙伴合作与共享关系，处于弱势地位的国家可以借助规范化、制度化的利益协商机制表达自身的利益诉求。第三，建立健全的利益补偿机制，可以促进"一带一路"合作伙伴装备制造业合作过程中利益分配的公平性和公正性，应对在开放的市场条件下发达经济体相较于发展中经济体更容易吸引资源、劳动力和资本，从而使发达经济体与发展中经济体之间的差距越来越大的问题。第四，建立规范的利益协调组织，可以为"一带一路"合作伙伴的合作提供组织保障，通过组建跨区域的利益协调机构保证利益共享的顺利进行。

四、文化共享机制

在信息共享、技术共享、利益共享的过程中，以合作伙伴和地区的优秀民族文化作为共享内容，运用现代技术整合、展示和利用，促进不同文化的交流、合作,实现"一带一路"合作伙伴的文化共享。在数字经济时代,文化传播与平台服务机制的融合提高了传播效率、降低了传播成本。首先,搭建文化共享平台,打开文化交流的窗口,构造出"一带一路"合作伙伴进行文化交流的载体。相关部门、组织机构或个人通过有效沟通达成合作契约,建立互信关系,为平台的搭建及运行提供保障与制约。其次,建立外部审查与监督机制,保证文化交流顺畅和谐,避免文化差异而引起的冲突与矛盾,为经济合作打下良好基础。中国与"一带一路"合作伙伴之间的文化共享不仅仅是文化资源的共享。文化交流提升国家间的亲密度,深入发掘各国各地区文化资源,积极推动各国文化资源融合,在促进经济交流的同时推动文化交流,促进经济与文化领域的同步共享。广大民众是文化真正的缔造者与交流者,促进沿线民众相互了解、增进友谊,通过文化实践来消除偏见,为政治互信和经济融合奠定基础。最后,文化共享机制的逻辑重点是"民心相通",合作伙伴通过文化交流增强各国家主体的责任意识、合作意识,实现互利共赢。

第三节 "一带一路"合作伙伴装备制造业合作与共享的协调机制

由于"一带一路"合作伙伴数量较多,在区域合作过程中,政策的制定主体是多元的,各国政府通常都是从本国的实际出发来制定政策,更多地考虑自身利益,这也就使得在合作过程中利益冲突呈现常态。同时,在合作过程中沟通不畅也容易产生误解和冲突。合作主体数量较多时,信息传播经历的通道变长,沟通成本增加,可能导致信息沟通不及时、信息失真、信息反馈环节延迟或受阻。另外,可能存在的政策体制与机制不合理、缺乏有效的监督与反馈机制以及多元文化影响下主体行为的差异性等问题,都将成为"一带一路"合作伙伴装备制造业合作与共享的阻碍。所以为最终实现"一带一路"合作伙伴装备制造业价值链利益共享,合作与共享的协调机制是必不可少的。"协调"表明了各系统之间,各系统要素、功能、结构以及目标之间的融合关系，从而描述系统的整体效应。合作与共享之间的协调需要相互配套、补充的机制，从而实现"一带一路"合作伙伴装备制造业的协调发展。合作与共享的协调机制主要包括市场机制、信息咨询与协商机制、援助机制、风险识别与评估机制四方面（见图3.5）。

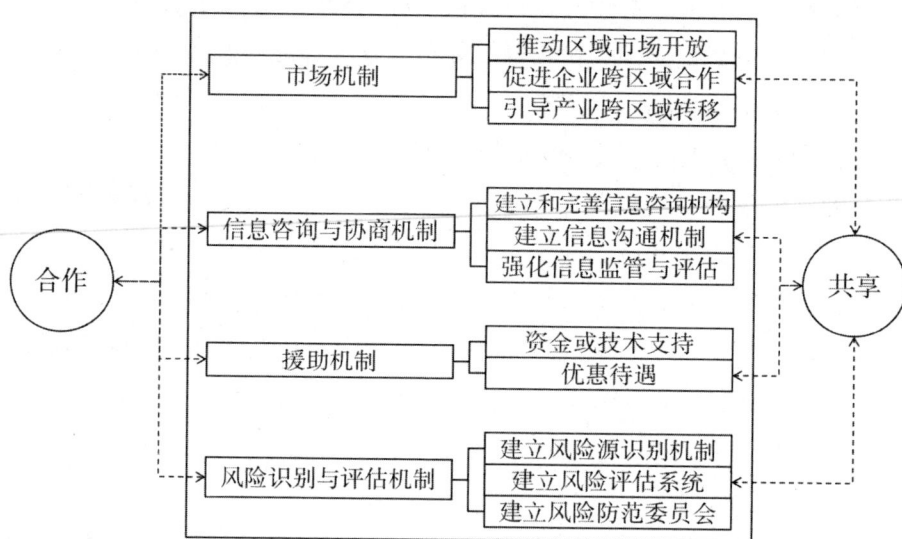

图3.5　"一带一路"合作伙伴装备制造业价值链合作与共享的协调机制

一、市场机制

市场机制作为"一带一路"合作伙伴装备制造业价值链合作与共享的协调机制的基础，具备基础性、主导性的作用。具体是指遵循市场规律，推动"一带一路"合作伙伴市场开放，引导装备制造业跨国、跨区域转移。市场机制将促进"一带一路"合作伙伴协调发展的机理分为以下两方面：一是保证了要素和商品的自由流动，使合作双方的需求得以满足，同时完善的市场体系将大大减少合作伙伴装备制造业的交易成本；二是保证了人口、劳动力的自由流动，有助于缩小"一带一路"合作伙伴经济发展差距。健全"一带一路"合作伙伴合作与共享协调发展的市场机制重点应当放在推动区域市场开放、促进企业跨区域合作、引导产业跨区域转移三方面。在贸易保护主义抬头的情景下，推动区域市场的全面开放是推进合作的前提。切实维护企业在

"一带一路"合作的主体地位，政府应当为企业实行跨区域合作提供良好的外部条件，提供补贴、免除关税等优惠政策，为跨区域发展提供便利，同时减少行政干预，降低市场交易成本和体制运行成本，从而减少企业跨区域发展的成本。加快建设"一带一路"合作伙伴的交通网络和信息网络，降低产业转移的空间成本，企业可以通过产业跨区域转移实现企业内部调整、转型升级。例如，将低附加值生产环节转移出去，研发和营销环节留在本国，进一步构建区域价值链。

二、信息咨询与协商机制

信息咨询与协商机制对协调合作与信息共享起着十分重要的作用。完善的信息可以使决策更科学。首先，"一带一路"合作伙伴应建立和完善信息咨询机构，邀请在装备制造业行业内的知名学者和专家入驻机构，对于国家间的合作与共享的决策给予科学的意见和建议。特别地，为避免后续合作与共享过程出现矛盾和冲突，学者和专家共同组成的智囊团应当提前将价值观不同等现有矛盾以及利益冲突、目标不一致等未来可能发生的矛盾都纳入考虑范围，尽可能地在合作之前将矛盾统一协调好。其次，建立信息沟通机制。有效的信息沟通是协调"一带一路"合作伙伴装备制造业价值链合作与共享的保证。一是畅通信息沟通的渠道，信息沟通的渠道包括正式渠道和非正式渠道，分为水平方向和垂直方向，全方位地确保沟通渠道畅通，通过官方组织或非官方组织等强化各国之间的交流与沟通；二是充分利用信息沟通技术，网络时代赋予了发展新的动力，大大减少了信息沟通的成本，加强了信息的收集与传播速度，尤其在新冠疫情的影响下，各国的合作交流仍正常进行，对话形式从线下转为线上；三是完善对话与合作机制，保持"一带一路"合作伙伴之间的对话与合作不中断，由中国牵头，推进"一带一路"合作伙伴的交流与合作，丰富对话合作的形式与内容，及时沟通、共同商定、相互协调以确保合作的顺利进行，同时"一带一路"合作伙伴间双边或多边对话过程中要保证有牵头组织以及利益相关的组织，有主导方以保证会议的顺利举行，会议相关的责任方均在场，同时确保每一个利益相关组织均有发言权，完善的对话与合作机制有利于保证沟通的及时性和有效性，提高办事效率，减少利益冲突的发生。最后，强化信息监管与评估。信息的有效性要求保证信息的统一化，制定统一的信息分类和编码体系，尽可能保证统计口径、方法、标准的一致性，同时要加强信息监管，保证信息的安全性。此外，建立规范化、程序化、专业化的信息评估体制，通过对大量相关信息进行分析，进一步优化选择和比较评价，以满足"一带一路"合作伙伴协商的需要。

三、援助机制

建立援助机制可以有效保证"一带一路"沿线发展较落后的国家实现更公平的利益共享。援助机制是弥补市场机制不完备的重要举措，主要是指为改善欠发达经济体的经济发展条件，由发达经济体对欠发达经济体提供资金或技术支持。同时，欠发达经济体在经济发展稳定以及相对成熟之后，给予发达经济体相应的优惠政策，最终实现双方的互利共赢。援助国对外援助主要分为官方开发援助（Official Development Assistance，ODA）和其他官方资金（Other Official Flows）。官方开发援助是对外援助的主要形式，分为双边援助和多边援助两类，目的在于改善受援国的经济发展条件并且提高受援国的整体福利水平，其主要形式为发达国家通过提供优惠力度很大的赠款或是优惠贷款给发展中国家，但对援助国政府财政能力要求较高。其他官方资金指的是由政府支持贴补的出口信贷，以及由国际金融组织和商业银行共同发放的联合贷款。在援助受援国的同时以推进两国双边贸易为目标，相比于官方发展援助，赠款比例较低，贷款的优惠力度较小，但是出资国在对外援助的过程中能获得一定的经济回报，提高国际市场地位。中国对"一带一路"沿线发展中国家的援助由来已久，特别是在2000年之后呈现出较为明显的增长态势。由于受到地理和经济分割等因素的制约，"一带一路"沿线欠发达地区因基础设施建设不足而深陷"贫困陷阱"，基础设施短缺成为制约其发展的主要矛盾。对此，中国同时采取援助和投资两种方式共同支持"一带一路"合作伙伴的经济发展，从基础设施建设着手，为实现区域合作与共享提供了"中国方案"。

四、风险识别与评估机制

鉴于"一带一路"合作伙伴涉及国家数量多，存在着不同的社会制度、政治制度、经济制度、文化制度等，在国家间合作与共享的过程中可能存在着政治不稳定的风险、汇率风险、经营风险、社会文化差异风险、法律风险等。对此，建立风险识别与评估机制是协调"一带一路"合作伙伴装备制造业合作与共享的有效保障。首先，建立科学的风险源分析与识别机制。引入科学的指标体系对"一带一路"合作伙伴进行识别与测量，从社会心理学、法学、统计学等多学科综合视角出发，将定性指标和定量指标相结合、正向指标和负向指标相结合，科学地识别出影响合作与共享的风险源，并且划分风险等级，为后续的风险评估与决策提供强有力的支撑。其次，建立风险评估系统，特别是评估方案的制订，加强对风险评估的系统性研究。积极运用国内外先进的理念和技术，完善风险评估的能力和水平，同时对"一带一路"合作伙伴进行风险承受能力的评估，在此基础上，提出风险化解的方案，不仅强调政策策略要与法律法规相适应，而且要从源头上预防和减少不稳定因素。最后，在双边经贸联委会和混委会的基础上，推动建立"一带一路"合作伙伴装备制造业合作风险防范委员会。委员会成员应当尽可能多样化，由政府官员、群众代表、律师、媒体代表等共同组成，以保证委员会的公平性、公正性和客观性。同时建立风险评估领导小组，在政府领导下开展合作，开展合作与共享的可行性研究，为装备制造业合作风险防范机制构建提供顶层规划设计。

第四节 "一带一路"合作伙伴装备制造业合作与共享的演化机制

"一带一路"合作伙伴装备制造业合作与共享发展阶段可以分为初期阶段、过渡阶段和成长阶段（见图3.6），从产业维度、空间维度来分析每个阶段的特征。初期阶段主要为"一带一路"合作伙伴装备制造业长期合作与共享奠定基础，从基本金属制品业、机械设备制造业两个细分产业着手，率先与处于装备制造业价值链上游的国家开展双边合作，并且通过构建"一带一路"装备制造业信息化平台来实现信息共享。过渡阶段为实现"一带一路"合作伙伴装备制造业的合作与共享提供动力支撑，从运输设备制造业着手，合作形式由原来的双边合作扩大到多边合作，合作主体包括处于装备制造业价值链上游和部分下游的国家，并且在信息共享的基础上推进技术共享。成长阶段的特征表现为合作主体多元化、合作产业多样化，此时合作产业以计算机、通信及电子光学设备产业为主，其他细分产业为辅，合作形式包括价值链的上下游合作和价值链同一生产位置的分工细化两种，并且形成以中国为"雁首"、装备制造业发展较好的国家为"雁身"、其他发展中国家为"雁尾"的"新型雁群模式"，最终实现"一带一路"合作伙伴共享装备制造业价值链合作成果（见表3.1）。

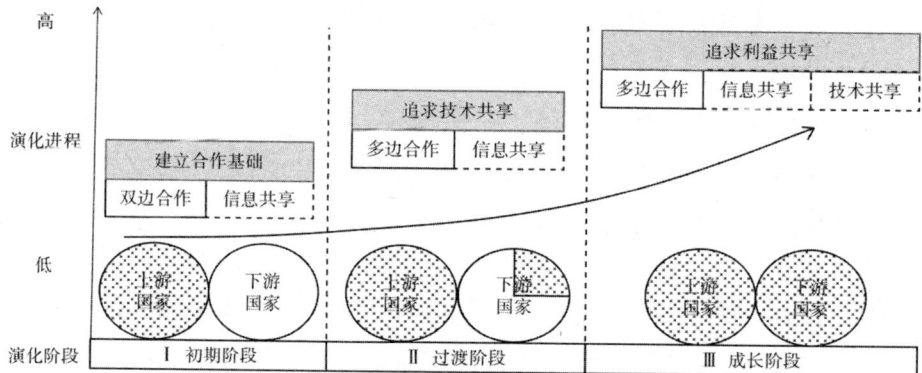

图 3.6 "一带一路"合作伙伴装备制造业合作与共享的演化进程模型

表 3.1 "一带一路"合作伙伴装备制造业合作与共享的演化进程的阶段性特征

阶段名称	初期阶段	过渡阶段	成长阶段
重点产业	基础金属制品业、机械设备制造业	运输设备制造业	计算机、通信及电子光学设备行业
合作主体	价值链上游国家	价值链上游和部分下游国家	价值链上下游国家
合作方式	双边合作	价值链上下游合作	价值链同一位置分工细化
共享范围	信息共享	技术共享	利益共享

一、初期阶段

在初期阶段,"一带一路"合作伙伴装备制造业的合作与共享主要为长期合作与共享奠定强有力的基础。从产业维度上看,鉴于"一带一路"合作伙伴基础金属制品业与机械设备制造业接近全球价值链的中游,特别是机械设备制造业在全球价值链中的地位指数最大(见表3.2),首先从基础金属制品业、机械设备制造业两个更具优势的细分行业出发,发挥双方的比较优势,实现优势互补,建立良好的合作基础。从空间维度上看,首先开展和处于"一带一路"装备制造业价值链上游的国家之间的合作。目前,中国仅在基础金属制品业处于价值链的上游,其他细分行业均位于价值链的下游,装备制造业整体的竞争力偏弱。对此,通过与上游国家的紧密合作,推动中国的机械设备制造业向价值链上游迈进。此外,在双边合作的基础上,搭建装备制造业信息化平台,以平台为支撑,政府一方面为合作与共享提供资金支持,另一方面提供组织保障,实现国家间的信息共享。由此可见,初期阶段的表现为围绕基本金属制品业、机械设备制造业与处在装备制造业价值链上游国家开展双边合作,同时构建信息化平台实现信息共享。

二、过渡阶段

在过渡阶段,"一带一路"合作伙伴装备制造业的合作与共享主要为长期合作与共享提供动力支撑。从产业维度上看,合作产业以运输设备制造业为主。相比其他3个细分行业,"一带一路"合作伙伴运输设备制造业的国际竞争力最弱,但2015—2017年运输设备制造业的地位指数有所提升,未来发展势头良好(见表3.2)。与此同时,基础设施联通一直是"一带一路"建设中最优先的方向,目前交通基础设施网络正加速形成,将大大提升运输设备制造业在装备制造业细分行业中的地位,进一步提升"一带一路"合作伙伴装备制造业在全球价值链中的地位。因此,将运输设备制造业作为推动"一带一路"合作伙伴装备制造业合作与共享的动力产业。从空间维度上看,合作主体不再局限于价值链上游国家,合作的方式也不再是简单的双边合作,转而与价值链上游和部分下游国家开展双边和多边合作。特别是沿线发达国家,推动中国的运输设备制造业向下游国家渗透,推动产业转型升级。此外,在双边和多边合作的基础上，进一步扩大信息共享的参与国数量。在信息共享的基础上，建立技术共享资源整合机制，同时采取内部激励机制，目的在于提高成员之间的信任度，实现合作伙伴间的技术共享。由此可见，过渡阶段的特征是以运输设备制造业为主体，与处在装备制造业价值链上游和部分下游的国家开展双边和多边合作，突出表现为与发达经济体的合作与共享。在合作的基础上，进一步扩大信息共享的范围，在信息共享的基础上推进技术共享。

三、成长阶段

在成长阶段，"一带一路"合作伙伴装备制造业价值链合作主体越来越多，合作成果数量越来越多，共享的程度越来越深入。从产业维度上看，合作产业以计算机、通信及电子光学设备行业为主体，其他细分行业为辅。2010—2015年计算机、通信及电子光学设备的地位指数逐年降低，虽然2016年有所回升，但是总体发展水平还不稳定，整体水平仍处于全球价值链的中下游（见表3.2）。由于计算机、通信及电子光学设备行业往往具有高附加值的特点，利润空间较大。在基础金属制品业、机械设备制造业、运输设备制造业良好合作的基础上，推进计算机、通信及电子光学设备行业的合作，一方面可以为本国带来新的经济增长动力，另一方面可以提高国际竞争力。从空间维度

表3.2　2014—2021年"一带一路"合作伙伴装备制造业各细分行业地位指数均值

年份	2014	2015	2016	2017	2018	2019	2020	2021
基础金属制品业	0.974	0.958	0.964	0.962	0.955	0.969	0.968	0.965
机械设备制造业	0.988	0.980	0.983	0.985	0.947	0.968	0.966	0.948
计算机、通信及电子光学设备制造业	0.932	0.925	0.940	0.933	0.904	0.927	0.914	0.911
运输设备制造业	0.871	0.859	0.863	0.869	0.842	0.887	0.877	0.864

数据来源：ADB-MRIO 2022数据库

上看，合作主体扩大至"一带一路"全体国家，不仅开展价值链上下游的合作，而且根据各国细分行业在价值链的不同位置以及价值链的各个位置上都有在相关产业处于优势的国家，进一步开展价值链同一位置的分工细化，形成以中国为"雁首"，主要负责上游设计研发、核心零部件生产制造和下游营销服务环节，装备制造业发展较好的国家为"雁身"，利用自身工业基础，发展资本技术密集型产业，其他发展中国家为"雁尾"，主要承接雁身国外包的中间产品加工环节的"新型雁群模式"。此外，实现覆盖合作伙伴的信息共享和技术共享，进一步完善"一带一路"合作伙伴的合作机制、共享机制和协调机制，实现最终的利益共享。由此可见，成长阶段的特征是合作主体多元化、合作产业多样化，以计算机、通信及电子光学设备为主体，面向"一带一路"合作伙伴开展价值链上下游合作和价值链同一位置的分工细化，形成以中国为雁首的"新型雁群模式"，在信息共享和技术共享的基础上，最终实现利益共享。

第四章

"一带一路"合作伙伴装备制造业价值链合作与共享机制实现路径

第一节　加快装备制造业价值链合作，促进价值链升级

一、遵循全球价值链合作与共享的发展规律，分阶段展开装备制造业价值链合作

由于大部分"一带一路"合作伙伴是发展中国家，装备制造业发展水平相对落后，长期存在着贸易赤字、投资不足、外债过多等问题。大部分"一带一路"合作伙伴，特别是中亚、南亚及中东地区的国家，获取贷款比较困难，原因主要在于世界贸易组织、国际货币基金组织以及世界银行等机构的主要掌控权集中在发达国家手里，而且欧美等西方发达国家对很多"一带一路"合作伙伴的帮助也会附加霸权主义和强权政治。这样的现状使得"一带一路"沿线大部分国家在国际社会中地位较低、缺少话语权、产业发展比较滞后。"一带一路"合作伙伴要想更好地发展本国产业尤其是装备制造业，并融入全球价值链，亟待通过国际产能合作 [①] 的方式获得资金和技术上的支持，

---

① 国际产能合作是在一国发展建设过程中，根据需要引入别国有竞争力的装备和生产线、先进技术、管理经验等，充分发挥各方比较优势，推动基础设施共建与产业结构升级相结合，提升工业化和现代化水平。

形成发展中国家之间抱团取暖、互利共赢、利益共享的发展格局。

　　随着"一带一路"倡议的持续推进、装备制造业转型升级以及对外直接投资的发展，中国与"一带一路"合作伙伴开展装备制造业价值链合作与共享，能够为大部分沿线发展中国家的装备制造业带来新的发展机遇。2022年，中国企业在"一带一路"合作伙伴非金融类直接投资1410.5亿元人民币，较2021年增长7.7%，占2022年中国对外直接投资总额的17.9%，主要投向新加坡、印度尼西亚、马来西亚、泰国、越南、巴基斯坦、柬埔寨和塞尔维亚等国家。对外承包工程方面，中国企业在"一带一路"合作伙伴新签对外承包工程项目合同5514份，新签合同额8718.4亿元人民币，较2021年增长0.8%，占2022年中国对外承包工程新签合同额的51.2%。中老铁路、匈塞铁路等重点项目建设运营稳步推进，一批农业、医疗、减贫等民生项目相继落地。2023年2月5日中企建设的巴基斯坦塔尔一区块燃煤电站项目投入商运，预计每年可向巴基斯坦国家电网提供约90亿度电力，满足当地近400万户家庭用电需求，助力该国降低能源成本、改善能源结构、增强能源安全。马来西亚汽车消费升级趋势日趋明显，中国车企正在该国积极推动本地补能业务发展和投产规划，不断推动本地化率提升和全产业链发展，助力马来西亚新能源汽车产业实现快速、高质量发展。

　　在"一带一路"合作伙伴之间构建装备制造业的合作与共享机制，要按照"一带一路"合作伙伴装备制造业合作与共享的三个发展阶段进行，即初期阶段、过渡阶段和成长阶段。在国际产能合作和对外投资的基础上，推动"一带一路"合作伙伴之间的装备制造业价值链合作是实现合作与共享的重要途径。在"一带一路"区域开展国际产能合作和价值链合作，不仅仅是简单地把一些劳动密集型产业转移出去，而是把产业、能力整体输出到不同的国家，进而在"一带一路"区域内建立更加完整的装备制造业生产体系。近年来中国的装备制造业企业通过引进国外先进技术，注重加大自主研发和创新投入力度，实现了在技术水平上赶超发达国家，还有一些成熟的技术在世界上处于领先水平，在研发设计环节上摆脱了"低端锁定"的困境。中国装备制造业在"一带一路"全球价值链中不仅占有技术和资金优势，同时还具有广阔的市场空间，在市场优势的背景下，更要提高市场的质量。在中国装备制造业低成本优势逐步减弱的背景下，必须着力提高产品品质和生产管理效率，重塑竞争优势，数字化转型正是提升装备制造业竞争力的重要途径。需要更好顺应数字经济发展趋势，解决好制造业数字化转型进程中的难点问题，切实推动制造业高质量发展。

首先，在初期阶段，由于中国的基本金属制品业处于全球价值链中上游，其他细分行业发展较为缓慢，因此可以先就基本金属制品业这一细分行业与处于装备制造业价值链上游的"一带一路"合作伙伴进行合作。相对发展水平较高的国家可以负责价值链上游的研发、设计、营销以及品牌服务等高附加值环节，中国也应当通过紧密合作，学习先进经验，加强研发投入，并且积极利用信息化平台实现各国之间的信息共享，力争向全球价值链上游转移。在各国之间实现信息共享的同时，中国还应该在国内推动装备制造业的数据标准制定与应用，促进数据的开放共享；加快公共数据开放进程，促进数据资源的高效利用；建立健全社会数据采集、存储、交易等制度，保障数据有序、规范应用；加快中国的基础金属制品业数字化转型，更好地与全球价值链上游的国家展开合作与共享。

其次，在过渡阶段，随着"一带一路"基础设施建设的发展，中国运输设备制造业的发展将突飞猛进。中国可以就运输设备制造业与"一带一路"合作伙伴开展价值链合作。中国可以将运输设备制造业产业链中的部分低附加值的生产环节转移到装备制造业发展水平相对较低的"一带一路"合作伙伴，通过转移过剩产能、输送生产能力，并利用对外直接投资或者第三方市场合作的方式给予"一带一路"合作伙伴一定的资金支持，充分利用东道国的劳动力和自然资源等要素禀赋优势，积极开展运输设备制造业的国际产能合作。同时注意在信息共享的基础上加强技术共享，开展双边和多边合作。此外，提升交通运输的基础设施的数字化改造，从而更好地帮助"一带一路"合作伙伴实现运输设备制造业价值链的上下游合作。

最后，在成长阶段，要全面推进"一带一路"沿线地区的国际产能合作，加强基础设施建设，同步提升电力、交通、物流等传统基础设施的数字化改造，增强基础设施综合保障能力，在推动装备制造业数字化过程中，要更加重视发挥数字技术与其他先进制造技术的融合集成作用，推动制造业全方位、系统性变革。同时，全面推广装备制造业各个细分领域的"走出去"和"引进来"。装备制造业发展水平较低的"一带一路"合作伙伴可以通过引进外资、进口他国的原材料和核心零部件在国内进行生产、销售和出口，从而使本国及周边国家充分融入装备制造业全球价值链分工体系中，在价值链分工下重构利益分配格局。

装备制造业各个细分行业的价值链合作和国际产能合作，不仅能够解决中国的产能过剩问题，从而实现国内产业结构升级，而且也能使低发展水平国家得到技术和资金支持，借力发展他们本国的装备制造业，逐步参与到全球价值链中，从而带动"一带一路"区域整体装备制造业水平的提升，与合作伙伴共享全球价值链分工的成果与利益。总而言之，构建装备制造业价值链合作与共享机制不仅有利于实现中国装备制造业的产业转移及价值链升级，还有利于改变"一带一路"合作伙伴产业发展和世界经济增长格局。

二、按照全球价值链升级次序，有序推进装备制造业价值链升级合作

随着中国等发展中国家的装备制造业持续发展，劳动力成本低等优势将会不断减弱，因此，中国部分位于全球价值链下游的生产环节也将持续向具有更低成本的发展中国家转移。同时，随着居民收入水平不断提高，人们开始注重产品和服务的质量，这就需要中国的装备制造业企业吸引更多的资本进行价值链升级合作，推动中国装备制造业向技术和知识密集型方向升级转变。目前中国装备制造业吸引外资的规模在不断扩大，商务部数据显示，2022年中国实际使用外资金额人民币1.2万亿元，按可比口径同比增长6.3%，规模再创历史新高，折合美元，为1891.3亿美元，同比增长8%。其中，2022年高技术产业实际使用外资683亿美元，增长30.9%。与此同时，中国的境外经贸合作区提质升级，截至2022年年底，中国企业在"一带一路"合作伙伴建设的合作区已累计投资3979亿元，为当地创造了42.1万个就业岗位。因此，构建"一带一路"合作伙伴装备制造业全球价值链合作与共享机制，除了产业转移、国际产能合作，更需要的是合理利用外资，进行国内装备制造业的价值链升级合作，满足对于高质量产品和服务的内需增长要求。

　　装备制造业价值链升级可以从以下三个层面来进一步阐释：一是企业层面，价值链升级是指企业生产的产品附加值提高，即产品向全球价值链的更高端转移，企业可以通过技术进步、管理模式改善、结构优化等方法完成价值链升级；二是产业层面，价值链升级是指产品平均附加值的提高，即产业从劳动密集向资本密集、技术密集、知识密集转移，推动整个产业链结构升级；三是国家层面，价值链升级是指一个国家的整体产业结构升级，进而带动经济增长方式转变，即在全球生产网络中，从价值链的低端向高端攀升的过程。

　　图4.1显示了装备制造业价值链升级次序，首先是最基础的工艺升级，产品生产过程中通过重组生产系统或引进新工艺新技术来提高生产效率，降低生产成本，实现规模经济；其次是产品升级，通过改进现有产品的质量和规格，并不断研发知识密集型新产品，开拓新市场，向价值链高端转移；再次是功能升级，企业通过产品升级提升产品质量，进而重组价值链的链上环节，实现企业的功能升级，完成从基本加工，到委托加工，到自主设计，再到自主品牌的转变过程；最后是链条升级，主要是在价值链上下游开展装备制造业的产业链合作，实现从一条产业链转移到另一条产业链，以获取更高的回报率。

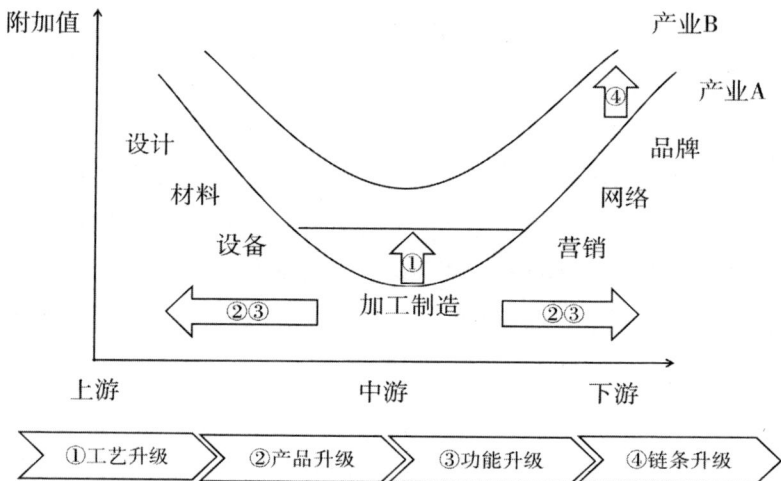

图4.1　装备制造业价值链升级次序

中国与"一带一路"合作伙伴进行装备制造业价值链升级合作，可以按照以上的价值链升级次序，循序渐进地与"一带一路"合作伙伴开展装备制造业产业升级合作，逐步完成装备制造业价值链升级。

第一，进行工艺升级，企业可以通过重组生产系统、设备更新换代、产业数字化①等来改善生产环境，从而完成生产工艺流程升级。中国装备制造业的成本比较优势正在逐渐减弱，但装备制造业规模体量大、产业体系完备的优势很难替代。利用数字技术对装备制造业的生产系统进行重组，引进新的数字生产技术，提升生产制造等产业链环节的数字化水平，延长、拓宽、挖深产业链，有利于重点产业的装备制造业进行工艺升级，塑造先进装备制造业的竞争新优势。企业还可以适当舍弃部分传统的低技术产业，引进外国先进企业的新工艺和核心技术，利用技术外溢效应改进和优化生产方式，降低企业的生产成本，提高投入产出效率，以此扩大装备制造业的发展规模，达到规模经济水平。在信息化和智能化快速发展的同时，充分运用大数据、云计算等技术，加快建设工业互联网和物联网等，进一步提升生产流程的技术水平、质量和效率，推动传统低端工艺流程向高端化迈进。

第二，进行产品升级，要坚持创新驱动发展的原则，着重生产知识密集型产品和技术密集型产品，从而促进装备制造业向全球价值链高附加值方向移动。企业需要加强研发设计，重视创新资本投入力度，加快科技成果转化，加大技术改造力度，提高核心基础零部件的产品性能和质量，推广智能制造、数字化制造，提高企业的生产效率。依托数字平台，产业内逐渐形成以产品为核心的多方协作生产模式，推动产品内分工的持续细化。同时，实现装备制造业产品的高质量发展，必须真正掌握自主创新能力以及知识产权，从而在高附加值产品中获取高额利润。通过向"微笑曲线"②高附加值两端延伸，提高中国装备制造业产品附加值和国际竞争力。

---

① 产业数字化就是指在新一代数字科技支撑和引领下，以数据为关键要素，以价值释放为核心，以数据赋能为主线，对产业链上下游的全要素数字化升级、转型和再造的过程。

② "微笑曲线"是微笑嘴型的一条曲线，两端朝上，在产业链中，附加值更多体现在两端，设计和销售，处于中间环节的制造附加值最低。实质是产业价值链分解，是高端领域和低端领域不断分化的过程。

　　第三，进行功能升级，需要加快整合装备制造业价值链的核心环节和优势环节，在重点环节上加大投入力度，有针对性地发展全球价值链两端的高附加值环节，也可以通过跨国公司投资的方式将部分产业转移到低发展水平国家，在产能合作中拓展制造业企业的新功能，强化产业政策的引导作用，以市场需求为导向促进企业的全面发展。数字科技的发展降低了全球价值链分工的参与门槛，原本在全球价值链分工体系中处于边缘位置的一些国家和地区，以及那些因生产率劣势和成本约束难以融入全球价值链的中小微企业，也可以利用数字化机遇与全球价值链建立起某种关联。中国装备制造业企业可以通过重新组合各种经济活动，合理有效利用本国及东道国的现有资源，更好地进行国际产能合作，以此提高本国企业利润率。引导科研机构、装备制造业企业、金融机构等联合起来解决共性关键难题，清除装备制造业发展中"卡脖子"环节的障碍，推动新一代信息技术以及新材料等新兴产业的发展。

　　第四，进行链条升级，加快全球价值链重构和价值创造环节再造，适当舍弃部分低附加值产业，从一条价值链向另一条价值链转移，获取更高的利润和回报。现今，数字科技推动了全球价值链不断衍生新节点。根据梅特卡夫定律[①]，参与网络的企业越多，网络给予企业的价值也就越大。网络平台在特定地理区域内可以催生出大量彼此关联的企业群落，中国和"一带一路"合作伙伴的企业可以利用数字科技形成功能集成的智能制造供应链体系。此外，中国装备制造业应该以"一带一路"和内陆自由贸易试验区建设为契机，扩大装备制造业细分产业梯度转移力度。选择拥有廉价的劳动力、丰富的原材料以及便利的交通运输地区，选择生产同类产品或者相关配套产品的装备制造业企业进行大规模投资合作，加强产业链上下游合作，在一定空间范围内形成产业集群。同时也可以将大数据、云计算、人工智能等新一代信息技术融入传统的装备制造业中，建立功能集成的智能制造的企业群落，形成完整的产业链，通过构建"一带一路"区域价值链实现装备制造业的整体提升。

---

　　① 梅特卡夫定律（Metcalfe's law）是一个关于网络的价值和网络技术的发展的定律，由乔治·吉尔德于1993年提出，但以计算机网络先驱、3Com公司的创始人罗伯特·梅特卡夫的姓氏命名，以表彰他在以太网上的贡献。其内容是：一个网络的价值等于该网络内的节点数的平方，而且该网络的价值与联网的用户数的平方成正比。该定律指出，一个网络的用户数目越多，那么整个网络和该网络内的每台计算机的价值也就越大，表现为网络经济的高渗透率。

三、升级要素禀赋结构，向装备制造业价值链高端转移

中国装备制造业在嵌入全球价值链的过程中应当更加注重产品质量的提升，改变之前主要依靠别国核心技术和核心产品进行组装配套、处于全球价值链的低端环节的局面，逐渐转向由中国主导技术创新的核心环节。可以预见，未来参与的全球价值链将越来越多地依赖知识密集型产业。国家对创新驱动发展进行了重要的战略部署，同时，在面向数字经济时代的全球竞争中，依托数字技术发展更高水平、更有竞争力的先进制造业，已然成为各国的战略共识。中国企业必须通过自主创新，掌握装备制造业全球价值链高端技术，推动装备制造业价值链转型升级，加大产品的研发力度，具体到产品的关键环节，应当把握关键环节的关键核心技术，才能使产品或企业在国际市场更具竞争优势，推动装备制造业价值链转型升级。同时，要重点培育战略性新兴产业中的高端装备制造业，发挥高端装备制造业的集聚效应，推动装备制造业向全球价值链高端迈进，进一步提升其在国际分工中的地位。

中国装备制造业全球价值链地位指数的测算结果（表4.1）显示，中国装备制造业总体 GVC 地位指数在2014年至2021年间保持在0.865左右，说明中国在整个制造业领域总体上是平稳发展的，虽然地位略有上升，但依然处在较为低端的中下游环节，还存在着"低端锁定"的问题。再从细分行业来看，各个细分行业的地位指数差距较大。其中较为突出的是基本金属制品业，其GVC 地位指数稳定在1的水平上，说明基本金属制品业在全球价值链中的地位较高，偏向价值链上游环节。除此之外，从表中数据可以看出，其他三个细分行业依然处于价值链下游环节，机械设备制造业的 GVC 地位指数与总体地位指数水平相当，近两年有所下降，但计算机、通信及电子光学设备制造业和运输设备制造业这两个产业的地位指数相对来说比较低，在研发技术等高端环节还存在着短板。

在"一带一路"沿线开展装备制造业全球价值链合作与共享，要考虑中国与"一带一路"合作伙伴的政治、经济和贸易关系，重构"一带一路"合作伙伴的装备制造业全球价值链分工布局。要按照装备制造业细分产业在全球价值链中的地位，分行业采取不同的策略来升级装备制造业的要素禀赋结构，从而向装备制造业价值链的高附加值方向转移。

表4.1 2014—2021年中国装备制造业总体及细分行业 GVC 地位指数

	2014	2015	2016	2017	2018	2019	2020	2021
总体	0.852	0.855	0.862	0.862	0.870	0.871	0.878	0.870
基本金属制品业	1.003	0.995	1.006	1.005	1.014	0.997	1.011	1.008
机械设备制造业	0.851	0.845	0.859	0.866	0.852	0.801	0.811	0.806
计算机、通信及电子光学设备制造业	0.834	0.835	0.852	0.847	0.877	0.864	0.857	0.854
运输设备制造业	0.819	0.813	0.819	0.834	0.806	0.781	0.790	0.749

数据来源：ADB—MRIO2022数据库

可以将目前中国的装备制造业细分行业的发展情况分为两类。一类是部分高端装备制造业。比如，基本金属制品业，生产能力相对成熟，也比较注重研发设计，在全球价值链中处于中上游水平。在这些行业上可以与同处价值链上游的国家展开合作，共享信息和技术，共同加强研发和创新，以扩大产业优势。同时将部分生产、组装等低附加值环节转移到下游国家，解决本国的生产过剩问题，实现本国装备制造业的全球价值链升级，由低端上升为高端，并且打造以中国为枢纽的"一带一路"沿线装备制造业价值链体系。另一类是在价值链中地位较低的细分行业，比如，计算机、通信及电子光学设备制造业和运输设备制造业等。这类行业的企业应当与位于全球价值链上游的国家进行产品的进出口贸易，主动学习其产品的高端技术，针对核心环节继续加强研发投入，促使这些产业尽快向全球价值链的高端转移，以此来改变长期处在全球价值链低端的被动局面。

四、加大外资吸引力度，拓展装备制造业发展空间

中国装备制造业企业可以基于"一带一路"合作伙伴的资源优势，对某些低端行业的国外企业进行投资收购，加大中国在全球价值链中的广度和深度。与此同时，中国也要加大外资的吸引力度，吸引一些"一带一路"沿线的新兴国家的装备制造业企业，要把握生产要素国际流动的机会，拓展装备

制造业的发展空间。

国内装备制造业对于资金的需求相对旺盛。2018年，装备制造业细分行业计划总引资金额约为2316亿美元，比2017年提高328.12%。其中，专用设备制造业计划引资金额约为632.68亿美元，占计划引资金额的27.32%，在各行业中计划引资金额最高；紧随其后的是电气机械和器材制造业计划引资金额，约为570.93亿美元；仪器仪表制造业计划引资金额最小，仅有14.14亿美元。此外，中国装备制造业各行业招商引资项目数量大幅增长。2018年，装备制造业细分行业计划引资项目总数达1145项，较2017年增加440.09%，出现了大幅度增长。按行业细分，如图4.2所示，电气机械和器材制造业计划引资项目最多，总数达237项，占装备制造业引资项目总数的20.70%。紧随其后的是汽车制造业，为232项，占装备制造业引资项目总数的20.26%。铁路、船舶、航空航天和其他运输设备制造业及专用设备制造业计划引资项目总数分别位居第三、四位，分别为218项和204项，占比分别为19.04%和17.82%。计算机、通信和其他电子设备制造业计划引资项目总数为124项，占比10.83%。通用设备制造业计划引资总数为102项，金属制品、机械和设备修理业与仪器仪表制造业两行业计划引资项目总数最少，均为14项。

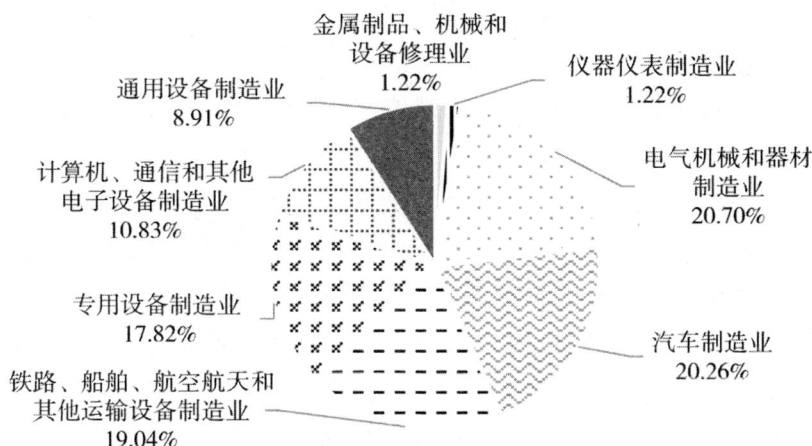

图 4.2　2018 年中国装备制造业各行业计划引资项目占比

数据来源：商务部网站

　　综上可以看出，专用设备制造业、电气机械和器材制造业、运输设备制造业等细分行业需要资金总额较大，计划引资项目也比较多，应当继续保持对外开放引资力度，吸引"一带一路"合作伙伴在上述行业进行大规模投资。而对于其他计划引资项目比较少的行业，如金属制品业、机械和设备修理业、仪器仪表制造业等，则应当加大开放力度，结合各细分产业附加值的高低以及在全球价值链中的地位，适时借力"一带一路"这个平台来吸引资本，加大研发投入，引导装备制造业向全球价值链高端环节转移，从而实现"一带一路"合作伙伴装备制造业整体发展水平的全面提升，共同向更高水平迈进，实现各国、各企业的互惠共赢、共同发展。

　　加大外资吸引力度，首先要把握大势，抢抓机遇，以更加积极主动的姿态招商引资。充分利用国际形势复杂多变、全球产业格局调整、海外企业寻找产业和资金"避风港"意愿强烈的契机，进一步释放中国的大市场优势，不断扩大外商投资规模。大力开展赴境外招商引资，建立健全境外招商引资工作的常态长效机制，积极"走出去"，将优质装备制造业项目"引进来"。要将"招大引强"与"延链补链"相结合，针对装备制造业中重点产业链上下游缺链部分进行延链、补链、强链，积极引进关键环节企业和配套企业，畅通产业循环，提高整体竞争力。

　　其次要实施装备制造业外商投资和贸易便利化，加强装备制造业贸易自由化平台建设。对中国高质量发展急需产业（如集成电路、航空航天等）的关键环节和技术，要加快形成更加开放的、符合竞争原则的市场规则体系，对标国际通行规则，在贸易投资便利、物流运输联通、信息公开共享等方面实现创新突破，促进资金、人员、信息等高能级市场资源要素的自由流动和合理配置。

　　再次要构建高效便捷的外商投资公共服务平台。加强信息共享，优化管理流程。依托智能化远程技术手段，加强与产业主管部门、海事、海关、检验检疫、工商、税务等部门之间的沟通和协调，通过各部门之间数据共享实现信息共享，加强信息化、动态化、精准化服务，提高过程纠偏[①]和风险预警

---

　　① 纠偏机制：指对一项有目标和行动计划的活动，在实施过程中的实际状况进行检查评估，验证实施行为与结果同原定计划的吻合程度，同时预测原预定目标的可达成度，对出现的偏差和问题查找原因、制定措施并组织实施的一种制度体系。

能力。借鉴国际上有关"单一窗口"①的先进经验,实现"单一系统"模式与口岸通关执法管理,全面整合优化商贸物流的服务功能,最终实现外商投资企业从设立到运营"单一窗口"的一站式系统处理。

最后要对高端装备制造业引资提供政策支持。近年来,中国各级地方政府纷纷出台了多项引进外商投资的财税补贴奖励政策,但大多数政策以实际外资投资规模或企业规模作为奖励标准,在现有奖励标准下,可细化并加大针对外资投入新能源汽车、航空航天、豪华游轮等高端装备制造业、关键零部件项目及相关设计、研发中心、修理、再制造等产业链高端环境的政策支持力度。

五、推动装备制造业跨界融合,实现信息共享、技术共享

1.推进装备制造业与信息数字技术的深度融合

随着第四次工业革命的到来,大数据、云计算、物联网等新一代信息技术在未来装备制造业发展中起到越来越重要的作用,经济社会发展从资源要素驱动转变为信息驱动。要想实现与"一带一路"合作伙伴的装备制造业全球价值链的合作与共享,其中必不可少的就是要借助现代装备制造业与信息技术的融合实现价值链的信息共享和技术共享。近年来,中国工信部也一直致力于推进"两化融合"②工作,推进信息化对传统制造业的不断融合与渗透。装备制造业的数字化转型,就是借助于开放的资源来获得自身资源的有效整合,进而降低整体成本,提升整体的竞争力的过程。装备制造业数字化转型过程中可以利用软件的知识复用性③,借助于互联网基础设施、软件资源、更经济的 AI 算力④,来解决客户关于质量、成本和交付的问题。中国制造业正

---

① "单一窗口"就是贸易或运输企业可以通过一个统一的平台,向多个相关政府机构提交货物进出口或转运所需要的单证或电子数据,办理涉及海关、检验检疫、海事、出入境边检、港务等多个监管部门的事务。

② 两化融合是信息化和工业化的高层次的深度结合,是指以信息化带动工业化、以工业化促进信息化,走新型工业化道路。两化融合的核心就是信息化支撑,追求可持续发展模式。

③ 知识复用是指组织或个人运用特定的方法或技术手段对已有知识进行重复利用以实现特定目标并使知识增值的过程,既包括显性知识的复用,也包括隐性知识的复用。

④ AI 算力是人工智能通过对信息数据进行处理,实现目标结果输出的计算能力。

处于迈向全球价值链中高端、提升核心竞争力的关键阶段。加快制造业数字化转型，用数字化为先进制造赋能，有利于促进制造业质量变革、效率变革、动力变革。因此，需要加快装备制造业与新一代信息技术深度融合，主攻智能化制造，全面推进装备制造业生产过程的智能化。

一方面，要深入建设智能制造工程。实施产学研用联合创新机制，在重点领域试点建设一批智能工厂和数字化车间，突破高档数控机床等一批关键核心技术装备，促进人工智能、工业机器人等信息技术和装备在生产过程中的应用，进而推动数字化、网络化、智能化技术和智能装备在企业的全流程和全产业链的应用。

另一方面，要持续推进智能制造试点示范。响应并推进国家智能制造的示范区建设，在"一带一路"合作伙伴选择合适的产业园区推行一批试点示范项目，积极探索应用人工智能等新技术，通过推进智能工厂的建设，重点培育智能化特色产业。建立产学研用协同创新机制，打造由龙头企业带动中小企业转型的产业协同发展机制，同时还要加强区域内外资源集聚共享的开放合作机制。通过推广智能制造试点示范工程，带动装备制造业全面实现数字化、网络化、智能化，促进信息技术与装备制造业全面深度融合发展，从而最终实现装备制造业向智能化的转型升级。

2. 深化装备制造业与互联网的融合发展

随着移动互联网、云计算和大数据等信息技术的快速发展，要加快物联网、服务互联网[①]的建设，使得在装备制造业的工厂车间内可以实现互联网与设备相互之间的信息联通，推动信息系统与装备制造业生产环节的互相融合。利用互联网在资源、设备、信息和人之间形成联通交织的网络，推动装备制造业从要素驱动转变为信息驱动。利用智能设备科学的编排生产工序，提升生产效率，调整资源使用方式，采用最节能的生产方式，在信息驱动下完成装备制造业产品的生产制造。

---

① 服务互联网就是随着互联网的发展而兴起的一种新兴行业，是"互联网＋服务业"融合发展的成果。互联网服务业以网络信息发展为基础，能够结合传统服务业，为消费者提供便利，及时解决消费者提出的需求，并为消费者打造专属的服务计划，提升消费者的服务感受。

一是支持装备制造业企业与互联网企业开展合作。首先应当在装备制造业企业和互联网企业两者之间确定好行业标准规范，统一进行规范管理，两方企业进行优势互补、利益共享，实现装备制造与互联网的融合发展。其次是加快装备制造业企业与互联网平台对接，要建立起能有效连接"一带一路"合作伙伴装备制造业企业的互联网平台，实现各企业之间资源和信息的共享。最后要积极发展面向"一带一路"合作伙伴装备制造业的共享经济，利用互联网在装备制造业全球价值链的各个环节实现信息共享。打通全产业链以及内外部数据，实现业务与数据的一体化，消除数据孤岛，以全局视角，形成强大的数据资产，滋养各业务板块。全面提高数据的可用性，为后续数据的场景化应用打好基础。

二是支持装备制造业企业与电子商务企业开展多领域的合作。通过装备制造业企业和电子商务企业在多个领域开展合作，有效整合线上和线下的交易资源，进一步促进装备制造业的跨境交易，开发"一带一路"沿线市场潜力和空间，促进装备制造业领域的数字经济的发展，从而更好地与"一带一路"合作伙伴开展装备制造业价值链的合作与共享。

三是支持装备制造业企业与跨境物流企业开展多领域的合作。与"一带一路"合作伙伴开展装备制造业价值链的合作与共享，可以从前期的战略投资、品牌培育再到中间环节将产品放在网上进行销售，再到后期的物流配送、售后服务等多方向、多领域开展全面的合作，合作形式不仅包括线上还包括线下，促进"一带一路"合作伙伴间的跨境交易，开拓更广阔的国际市场。

3. 推行装备制造业的全面绿色生产

装备制造行业是高耗能行业，国际上越来越重视发展可持续制造业。绿色化是装备制造业发展的必然趋势，绿色制造不仅可以减轻环境压力和缓解能源约束，还能实现制造业的可持续发展。因此，要全面推行装备制造业绿色化生产，绿色化生产旨在建立绿色的标准、建设绿色化的工厂、生产绿色化的产品、打造绿色化的装备制造业园区以及绿色化供应链，实现装备制造业体系绿色化。首先要根据装备制造业细分行业建立全国范围内统一的绿色标准体系；其次可以建立绿色低碳工业示范园区和推广工业示范项目，实行"一带一路"合作伙伴以及国内各区域间的协调持续发展，积极利用产业投资基金推动绿色节能环保项目建设；再次应该和"一带一路"合作伙伴合作，共同研发绿色清洁能源技术，设计绿色工艺品和低碳环保型工艺装备，提高资源回收利用率；最后推动实施绿色化、智能化方向发展，打造绿色数据中心试点，为绿色制造提供监控和数据支持。

4. 实现装备制造业的服务型制造

近年来，装备制造业与服务业正处于加速发展融合的阶段，因此引导装备制造业由生产型制造向"制造＋服务""产品＋服务"转变也是实现现代装备制造业跨界融合的一个重要方面。首先，要以创建国家级工业设计中心为目标，大力提升工业设计的能力和水平，创新设计理念，在装备制造业价值链的各个环节增加服务型设计的理念；其次，引导和支持装备制造业供应链管理服务，探索和应用供应链管理的新模式；再次，应当完善装备制造业的信息技术服务，加快大数据服务在装备制造业领域的实践应用；最后，使绿色制造、智能制造与服务型制造协调发展，推广定制服务模式，增加装备制造业在价值链各个环节的附加值，推动装备制造业向价值链的高端转移，实现装备制造业服务高端化。

六、建立产学研结合机制，引导装备制造业的协调合作

构建"一带一路"装备制造业全球价值链合作与共享机制，不仅需要和价值链上下游国家进行国际合作，更重要的是保证合作共享机制之间的协调发展，从而实现装备制造业价值链的信息、技术和利益共享。因此，需要建立产学研结合机制。引导装备制造业企业和行业的创新合作是实现装备制造业价值链协调合作的重要途径。企业应当在政府政策的引导下，加强基础设施建设，培养高素质人才，以创新引领装备制造业的产学研合作机制。

政府的产业政策可以为装备制造业的自主创新和快速发展提供制度保障。因此，要建立高校和科研院所与装备制造业企业的产学研结合机制，更好地促进科研成果的快速转化，把高校、科研院所的基础研究成果转化为企业需要运用到产品生产上的科技成果。在研发阶段，以大学等科研机构为主进行创新设计和原理验证，以科研机构为主、高新技术企业研发部门为辅开展工

艺研究、工艺考核等；在工程化阶段，以高新技术企业工程中心为主、科研机构为辅开展快速试制、结构、功能考核；在应用推广阶段，由企业开展产品的应用推广。同时也要建立兼顾各方利益的成果转化和收益分配机制，在研究成果商业化成功后，企业要按照约定的提成比例向高校和科研院所给予收益回报，有效提升高校、科研院所对成果转化的参与度和积极性。

基础设施和高素质人才供给分别是通过产学研结合开展装备制造业创新合作的"硬实力"和"软实力"。首先，要保证大型科研仪器和专业科技试验设施等重大基础设施的供给。其次，高校要根据装备制造业产业需求来培养专业对口的高素质人才，高校制订人才培养计划应具有前瞻性，瞄准国家产业发展前沿培养产业发展所需要的人才。推动现代装备制造业与信息技术、互联网、服务业等领域深入融合发展，必将会带动传统装备制造业的颠覆与重构，所以要将跨界人才作为重点的培养对象，加大对这类人才的培养力度。此外，新一代信息技术如物联网、云计算、大数据等逐渐成为拉动产业转型升级的驱动力，这对具备大数据收集、传输以及处理等能力的高技术人才的需要也是极为迫切，不仅需要其能掌握与机床、自动化等相关知识，而且要精通计算机、大数据等信息化技术，由他们来引领"互联网＋工业"的时代，推动装备制造业形成完整成熟的工业互联网。

科研院所与企业应当加大创新研发投入，加强装备设计与制造能力。网络化、智能化、信息安全是创新合作过程中需要重点关注的方面。与以人工智能为代表的新一代信息技术的融合将是装备制造业未来发展的必然趋势，因此可以利用大数据信息时代来实现装备制造业全球价值链的信息共享机制，利用互联网信息技术构建国际化的信息共享平台，实现装备制造业数据和技术在全球价值链上下游的精准匹配和分享，与"一带一路"合作伙伴进行装备制造业设计、生产、营销等环节的信息技术共享。通过构建满足差异化、个性化需求的装备制造业数据和技术共享模式，推动价值链上下游国家信息技术对接，以信息技术共享的方式带动"一带一路"合作伙伴共同参与全球价值链分工体系，实现在信息共享和技术共享的基础上推动位于装备制造业价值链上的合作伙伴的利益共享，达到互惠互利、共同分享利益成果的目标。

第二节　加强"一带一路"区域合作，扩大装备制造业对外开放

一、划分产业梯度，构建以中国为"雁首"的"新型雁群模式"

"雁群模式"是描述二战后东亚地区不同经济体之间产业转移、产业升级形式和特征的理论，最早是由日本经济学家赤松要提出的，随后由其学生小岛清将该理论提升到新高度。在最初的"雁群模式"中，日本被看作雁首，处于科学技术与经济的核心地位，它通过资金技术的供应、市场吸收和传统产业的转移，带动该地区的经济增长；亚洲"四小龙"是雁身，是雁群中的承接者，它们积极利用日本的资金、技术市场来发展资金和技术密集型产业，又将失去竞争力的劳动密集型产业转移到身处雁尾的东盟、中国。由此，东亚国家按照"日本—四小龙—东盟—中国"的产业转移顺序，呈现出不同发展阶段的国家（地区）多层次赶超的格局，进而形成一般化的"雁群模式"，即劳动密集型产业从发达工业化国家向欠发达工业化国家和最不发达国家梯度转移，工业化发达国家构成产业梯度转移格局的雁首，中间欠发达工业化国家构成雁身，而其他发展中国家成为处于雁尾的雁群跟随者。

根据前文的分析，在七大区域中选取了9个有代表性的国家进行分析，见表4.2。"一带一路"合作伙伴的装备制造业发展水平存在着明显的梯度差，第一梯度的代表性国家有捷克、斯洛伐克、匈牙利，装备制造业发展水平较高，国际竞争力较强，靠近价值链上游；第二梯度的代表性国家包括马来西亚、泰国、哈萨克斯坦，这些国家的装备制造业国际竞争力相对不足，处于GVC中下游水平；第三梯度的国家包括越南、柬埔寨、菲律宾，这些国家的装备制造业发展水平较低，国际竞争力较弱，靠近价值链下游。"一带一路"合作伙伴在装备制造业全球价值链中的地位决定了不同国家的产业梯度格局，从而决定了价值链区域合作的路径选择。

表4.2 2014—2021年部分"一带一路"合作伙伴装备制造业 GVC 地位指数

	2014	2015	2016	2017	2018	2019	2020	2021
马来西亚	0.957	0.965	0.964	0.972	0.934	0.930	0.914	0.919
泰国	0.854	0.898	0.907	0.895	0.878	0.867	0.871	0.855
柬埔寨	0.904	0.895	0.898	0.903	0.925	0.952	0.937	0.937
越南	0.884	0.875	0.907	0.907	0.894	0.876	0.889	0.859
菲律宾	0.912	0.914	0.917	0.916	0.893	0.882	0.888	0.895
哈萨克斯坦	1.020	1.039	1.011	1.026	1.003	0.979	0.971	0.937
捷克	0.881	0.856	0.861	0.863	0.831	0.862	0.848	0.850
斯洛伐克	0.901	0.860	0.871	0.867	0.851	0.866	0.864	0.873
匈牙利	0.896	0.872	0.882	0.870	0.859	0.889	0.875	0.877

数据来源：ADB-MRIO2022数据库

由于中国与"一带一路"沿线的广大发展中国家之间具有较明显的产业梯度差，"雁群模式"在"一带一路"区域装备制造业领域是适用的，因此可以在"一带一路"区域形成以中国为雁首的"新型雁群模式"来实现装备制造业全球价值链的合作与共享。具体指的是，以中国为雁首，以马来西亚、泰国和哈萨克斯坦装备制造业发展水平相对较高的合作伙伴为雁身，以越南、柬埔寨和菲律宾等发展水平相对较低的其他发展中国家为雁尾的产业合作分工模式。其中，中国作为雁首主要负责上游设计研发、核心零部件生产制造和下游营销服务等具体环节，雁身国可以根据自身的工业基础，以资本密集型产业作为发展的重点，雁尾国则主要承接雁身国外包的中间产品加工等劳动密集型产业。各梯度国家根据其地位分工不同，在价值链中分配相应的利润，共享"新型雁群模式"的带动作用和共同发展的利益成果。

中国提出的"新型雁群模式"与原来的"雁群模式"有两点区别。一方面是组成成分的区别。"新型雁群模式"是以中国为雁首，以马来西亚、泰国和哈萨克斯坦装备制造业发展水平相对较高的合作伙伴为雁身，以越南、柬埔寨、斯里兰卡和菲律宾等其他发展中国家为雁尾的模式。另一方面是在理念上有本质的区别。以中国为雁首的"新型雁群模式"与位于全球价值链上不同位置的"一带一路"合作伙伴，通过产业、资金和技术合作，共同"分享"工业文明与和平发展曙光，在多方深度合作中，提升各自位置，重构价值链，实现"多赢"格局。这样基于全球视野的包容性发展理念，势必给中国乃至世界带来更多红利。同时，"新型雁群模式"体现了中国"共商共建共享"的全球治理观，也体现了"一带一路"合作倡议所秉承的"和平合作、开放包容、互学互鉴、互利共赢"四大理念。

二、构建区域价值链，形成多支点的国际合作分工体系

"一带一路"沿线有些国家和地区经济体量较小、工业化发展水平较低，无法单独进行装备制造业价值链中的某个环节，加上有些地理位置邻近的区域（例如，东盟与南亚）先前已经进行了初步的简单合作，因此应当按照地理位置和区域合作程度先在各个区域内部小范围构建装备制造业价值链，开发区域内各梯度市场，然后再以小型区域价值链为整体，嵌入"一带一路"合作伙伴的装备制造业价值链中来。例如，在东南亚区域，马来西亚、泰国的装备制造业整体水平较高，而周边的越南和柬埔寨等国家的装备制造业发展还处于低端水平，在东南亚区域内具有明显的产业梯度差，因此可以形成以马来西亚、泰国为主导的带动周边国家的装备制造业区域价值链，再以小范围的东南亚区域价值链的形式嵌入到大范围的"一带一路"装备制造业全球价值链中来。无论是整体的装备制造业，还是装备制造业的各个细分行业，只要在一定的地理空间范围内各国具有产业梯度差并且有能达成合作的基础条件，都可以形成这种由支点国家为主导、带动周边国家形成区域价值链，再分层次分行业嵌入到全球价值链中的模式，从而实现装备制造业的全球价值链合作与共享。

由于中国与"一带一路"合作伙伴在装备制造业方面具有很强的互补性，同时面临着全球价值链短链化、区域化的趋势，中国装备制造业在自身发展的同时可以与其他发展中国家开展合作，共享发展成果。目前中国是世界第二大经济体，拥有充足的资金支持"一带一路"沿线其他国家的发展。中国可以结合东南亚的小型区域价值链的优势，选择该区域内工业发展水平相对

较高、投资环境较好的马来西亚、泰国等国家为支点，重点进行投资，然后逐渐扩大投资规模。同时，马来西亚、泰国对东南亚的区域价值链内部具有辐射作用，可以在东南亚的区域价值链内部再次进行分工。多个支点形成多个小型区域价值链，共同组成以中国为主导的"一带一路"区域价值链，从而更好地实现互利共赢的发展局面。

三、明确"一带一路"合作伙伴的要素禀赋，差异化进行价值链合作共享

对于"一带一路"区域经济发展水平不同、要素禀赋和比较优势不同的国家，应当采取不同的方式进行装备制造业价值链合作。中国装备制造业企业应根据国内装备制造业发展的实际程度，结合"一带一路"合作伙伴的比较优势，将部分附加值较低的制造加工环节向"一带一路"沿线具有劳动力优势和市场潜力的国家转移。同时也要通过信息共享、技术共享的方式与价值链上游国家进行合作，搭建信息化平台，建立相应的贸易数据库，实现装备制造业设计、生产、营销等环节的信息化。在信息共享的基础上，还要与掌握自主创新和核心技术的国家展开合作，共同研发关键技术、联合制定关键技术标准来实现技术共享。利用差异化策略展开装备制造业的价值链合作，能够使一部分中国装备制造业企业将附加值低的环节转移出去，集中资源进行创新和设计研发，通过增加产品的附加值来提高全球价值链地位，向全球价值链的高端领域迈进。价值链合作可以帮助"一带一路"合作伙伴融入全球分工体系，有利于增加产品的市场份额，形成规模经济，实现"一带一路"沿线发展中国家之间的互利共赢，共享合作带来的利益成果。以下是针对不同国家的要素禀赋特征应当采取的不同合作策略：

第一，劳动密集型装备制造业的合作国家及方式。柬埔寨、缅甸、越南、孟加拉国、巴基斯坦、印度、印尼、斯里兰卡等国家拥有丰富的劳动力资源，中国应该扩大对这些国家的劳动密集型装备制造业的投资，把装备制造业产业链的下游，如生产、加工、组装等低附加值环节转移到这些更具备廉价劳动力的国家，充分发挥其劳动力优势，为中国技术做配套服务，同时也带动这些国家尽快融入全球价值链。

第二，技术密集型装备制造业的合作国家及方式。马来西亚、泰国、菲律宾等国家，具有一定的装备制造业发展基础，融入全球价值链比较早，拥有一定的技术密集型产品的生产能力。中国可以把一些高科技产品的部分非核心生产工序转移到这些国家，为其提供核心技术和中间品，同时国内企业主要进行全球价值链上游的研发设计，进而完善装备制造业的全球价值链。

第三，资源密集型装备制造业的合作国家及方式。"一带一路"沿线有很多具有丰裕的资源要素的国家，如蒙古、文莱、阿联酋、也门、尼日利亚、苏丹、哈萨克斯坦、俄罗斯、伊朗等，可以为装备制造业生产提供原材料，在"一带一路"基础设施建设的过程中合作潜力巨大。要合理开发利用这些国家的钢铁、铝等金属资源，共享互联互通的合作成果。

四、促进贸易投资便利化，推动价值链合作纵深化发展

贸易便利化对"一带一路"合作伙伴参与装备制造业全球价值链合作十分重要。在装备制造业全球价值链中，贸易便利化程度对于装备制造业发展水平不同的国家融入全球价值链具有差异化的影响。从装备制造业 GVC 地位指数较高的国家来看，这些国家通常位于全球价值链的高端环节，集中在技术密集型或知识要素密集型产业，市场竞争力并不取决于要素价格，而是更多地取决于市场的完善程度、政府的行政效率等外部因素。因此，加强贸易便利化建设对发展水平较高的国家融入全球价值链具有重要影响。从装备制造业 GVC 指数地位较低的国家来看，这些国家通常位于全球价值链的中下游环节，集中在劳动密集型产业，国际竞争力不仅取决于劳动力等优势，还往往依赖于运输成本和要素配置效率等因素，因而加强基础设施等贸易便利化建设对发展水平较低的国家也具有重要影响。

提升"一带一路"合作伙伴的贸易便利化水平，有利于促进"一带一路"区域内的进出口贸易和吸引外国直接投资，有助于促进"一带一路"合作伙伴更全面深入地开展装备制造业合作，从而提升"一带一路"发展中国家在全球价值链中的地位，实现利益共享。提升"一带一路"贸易投资便利化水平的具体措施包括以下五方面：第一，加快基础设施建设，加大对交通、信

息通信等基础设施的资金投入,提升"一带一路"合作伙伴之间的互联互通水平;第二,鼓励"一带一路"沿线广大发展中国家积极参与到贸易投资便利化谈判中,促进共同协商;第三,开展"一带一路"区域金融机构之间的合作,为"一带一路"装备制造业国际产能合作提供更多的资金支持;第四,统一规范管理制度,促进各项管理制度标准化,营造透明、公正、高效的制度环境;第五,推动"一带一路"发展中国家之间的自由贸易区建设,利用自贸区展开装备制造业价值链合作。

五、建立长效合作对话机制,推动达成双边及多边协定

在"一带一路"合作伙伴开展装备制造业全球价值链的合作与共享,离不开各国政府之间和企业之间的联系,各国在合作沟通时要建立起合理的市场机制、信息咨询与协商机制,促进"一带一路"合作伙伴的协调发展。"一带一路"建设使得合作伙伴之间的关系更加密切,中国也一直与东南亚、中亚、西亚、中东、中东欧等地区的国家保持着密切的政治、经济和外交关系。在"一带一路"建设中,更多的中国企业尤其是装备制造业企业要"走出去",和其他国家展开多领域多层次的价值链上下游合作,需要双边政府之间建立长期有效的合作对话机制,通过对话、谈判和协商等方式解决在价值链合作中遇到的问题。因此,为了使中国企业在对外进行投资和合作时能够合理规避东道国的经济风险,需要政府加强彼此之间的联系,使本国企业清楚地了解东道国对外投资形势的变化,为企业进行投资风险评估提供及时有效的信息,推动"一带一路"装备制造业的合作与共享。

目前中国已与"一带一路"沿线大部分国家签订了双边对外投资协定,但是仍与部分国家之间尚未达成有效的双边投资协定。因此,对于还未达成双边投资协定的国家,政府应当兼顾多方利益来确定协定的内容,促进双边投资发展,规避投资经济风险,争取在"一带一路"区域内达成更多的双边协定和多边协定。对于已签订的双边投资协定,要继续进行合理协商,不断完善投资协定内容,使协定内容更加符合双边投资利益,在坚持共享、共商、共建的原则下推动"一带一路"合作伙伴装备制造业的投资和发展。

第三节　加强风险防范意识，采取风险规避措施

一、价值链合作与共享的风险识别

在"一带一路"合作伙伴间开展装备制造业价值链合作与共享，由于沿线各国的经济、政治、文化等层面均有不同程度的差异，中国企业对合作伙伴开展投资与战略布局时，往往会面临着较大的投资风险与挑战。风险识别是研究与"一带一路"合作伙伴展开装备制造业价值链合作风险和对外直接投资风险的第一步，首先要清楚地辨别风险的来源、性质和构成，对其正面临的风险及潜在的风险进行识别和归类，为后续的风险评估和风险规避提供基础。

风险识别将主要从国家风险、汇率风险、经营风险、社会文化风险以及法律风险这五方面展开，这些风险均为中国企业和"一带一路"合作伙伴的"走出去"和"引进来"的产业合作带来了不小的挑战，可能会严重阻碍装备制造业价值链合作与共享的有序开展。

1. 国家风险

"一带一路"贯穿欧亚大陆，沿线所涉及的国家大多为发展中国家，受地缘政治因素的影响，沿线部分国家面临领土纠纷、政权更替、恐怖主义、分裂势力、社会动荡等问题。以北非、西亚、中东为代表的地区多年来深受国际恐怖主义的影响，甚至引发了武装斗争，对在该地区投资的合作伙伴和企业带来了严重的经济损失。

例如，在俄乌冲突影响下，欧美等国对俄采取一系列制裁措施，致使能源、农产品及金属矿物质等国际大宗商品价格持续上涨，国际贸易格局发生较大变化。一是国际贸易受到了冲击。在俄乌冲突因素的影响下，部分欧洲国家已宣布放弃长期以来的中立地位，实施再军事化，导致其本国及俄罗斯

的军事负担显著增加。二是亚洲新兴经济体出现贸易压力。现阶段美国对俄罗斯实行多种制裁举措，国际贸易能源价格及其他供给性产品价格普遍上涨，严重影响了亚洲新兴经济体发展活力，给"一带一路"合作伙伴的装备制造业带来了冲击。三是国际贸易产业链面临调整重构。俄乌两国的谷物、化肥、石油、天然气、金属矿物等资源较为丰富，在国际贸易大宗商品中占据主要地位。从产业链格局来看，俄乌冲突造成国际金属矿物价格不断飙升，较大程度地影响了国际化工制造质量，同时俄罗斯是全球稀有气体和化肥产品的主要供应商，相关产业链原材料价格上涨导致多产业链面临重组、调整局面。

同时，俄乌冲突势必对中国"一带一路"倡议的开展及国际贸易造成一定的影响。在"一带一路"建设中，中国与俄罗斯及乌克兰均有大项目合作，受俄乌冲突影响，中国与俄乌两国签订的投资项目受限，中国的资本市场面临较大投资风险。同时因中国在俄乌冲突中坚持中立态度，部分西方国家以此为由向中国施加经济制裁，对中国"一带一路"建设项目的顺利推进造成影响。此外，越南、印度和菲律宾等国家因领土冲突问题而阻碍中国企业在当地的投资活动，给中国的对外投资企业带来了严重的经济损失，这处处制约着中国装备制造业在产业链上的合作。

2. 汇率风险

"一带一路"合作伙伴虽然资源丰富、市场庞大，但是经济发展水平较低，经济发展不够稳健，处于经济转轨阶段，面临经济增速缓慢、货币疲软[①]、通货膨胀等问题，企业在运用外汇进行经济活动时，往往会因为受到汇率波动的影响而承受一定的经济损失。中国企业对外投资过程中，受到汇率波动与通货膨胀等因素的影响往往会导致企业预期收益与现实收益不符，例如，人民币兑东道国货币汇率经常发生较大的波动。另外，"一带一路"沿线很多国家由于管控不到位，存在一定超发货币的现象，存在严重的通货膨胀问题。根据外债比例、汇率制度和汇率的波动情况来看，"一带一路"合作伙伴中，俄罗斯、蒙古和斯里兰卡等存在比较严重的汇率风险。同时，美联储

---

① 货币疲软：在纸币流通条件下，货币疲软是货币供给过多的结果，表现为商品供应少，而货币比较多，市场物价有上扬的趋势。

在2022年多次加息和缩表给外汇市场带来了冲击，给"一带一路"合作伙伴汇率造成了波动。2022年3月美联储加息致使国际金融市场流动性由松变紧，首次出现资本整体流出新兴市场国家的情况。与此同时，人民币汇率波动风险也持续加大。

3. 经营风险

企业在"一带一路"沿线进行对外直接投资时，面临着营商环境和经营决策两方面的风险。一方面，企业在开办、运行等环节的营商环境是企业正常运营的基础，若东道国的营商环境比较艰难，会给企业正常经济活动的开展造成诸多不便，外商投资企业在东道国的投资过程中不仅面临着成本增加的风险，同时还极有可能因东道国的投资政策变更而被迫中止经营，甚至会撤出东道国市场。近些年来，全球价值链的构建呈现出了短链化和碎片化的趋势，更倾向于构建区域价值链，这些可能会给东道国的投资政策带来变动。另一方面，外商投资企业和合作伙伴企业在进行生产经营的过程中，采取的战略选择、经营决策等存在差异，容易造成装备制造业的供产销各个环节充满不确定性因素。

4. 社会文化风险

"一带一路"合作伙伴处于东西方文化交汇的地区，不同国家之间本身因为种族与宗教等具有重重矛盾，并且这些国家在自然资源禀赋、人口数量、社会制度等方面具有的差异性也催生出了社会文化的差异性。虽然文化风险可能较为隐蔽，但是在中国企业对外直接投资的过程中，由于忽视东道国在文化与宗教方面的特殊性，给中国企业对外投资带来的影响也是比较严重的。受文化差异的影响，东道国政府在引进投资前往往缺乏与当地民众的沟通，由于语言不通、风俗不同、经营习惯不同，当地民众暴力冲突、罢工示威、极端反华等行为往往会给企业的实际经营活动带来较大的风险。此外，东道国政府在外资流入后修改原有政策，也会使得与投资企业中止合作，将与当地文化相冲突的投资企业驱逐出市场。

5. 法律风险

"一带一路"合作伙伴众多，法治环境千差万别，法律体系各不相同，覆盖了英美法系、大陆法系、伊斯兰法系三大法系，并且很多国家都根据自身的政治需求和经济需求设置了许多当地独有的法律法规，许多法律法规在一致性、完善性以及连续性等方面存在较大差异，纷繁复杂的法律环境使得中国企业对外直接投资的风险性大大增加。另外，由于中国企业对东道国的相关法律法规掌握不全面，不了解其他国家的最惠国条款以及相关的对外投资法律，制定的产业战略规划有可能会触犯东道国的法律法规，从而使本国企业遭受严重的经济损失。

二、价值链合作与共享的风险评估

风险评估对于研究"一带一路"装备制造业价值链合作风险与对外直接投资风险十分重要，也是进行风险防范的重要依据。只有充分认识到各类风险的影响程度，才能采取必要手段和措施对风险进行规避和处置。本书在国家风险、汇率风险、经营风险、社会文化风险及法律风险的基础上，参考中国社科院世界经济与政治研究所发布的《中国海外投资国家风险评级报告（2022）》中的 CROIC-IWEP 国家风险评级方法，构建出中国装备制造业企业在"一带一路"合作伙伴直接投资的风险评估指标体系，涉及经济风险、政治风险、社会风险和对华关系四方面。经济风险又分为东道国的经济基础和偿债能力两个风险影响因素。第一，经济基础反映了"一带一路"合作伙伴的经济发展状况以及发展前景，是装备制造业企业判断是否在东道国进行投资的主要因素；第二，偿债能力反映了"一带一路"合作伙伴的公共部门和私人部门的债务状况和未来偿还能力，装备制造业企业在东道国进行投资需要考虑东道国是否具有足够的偿债能力；第三，社会风险可以总结为社会弹性，社会弹性反映了东道国为海外投资企业提供的社会服务程度，"一带一路"合作伙伴的社会环境是否高效有序关系到装备制造业企业在海外投资能否得到基本保证；第四，政治风险反映了"一带一路"合作伙伴政体的性质、政治的稳定性、政府对国家控制的有效程度，这些都是影响装备制造业企业对外直接投资决策的关键因素；第五，对华关系反映了"一带一路"合作伙伴和中国之间的政治、经济、外交关系，友好的双边关系对装备制造业企业进行对外直接投资来说十分关键。具体的一级指标和二级指标见表4.3。

表4.3　中国装备制造业在"一带一路"合作伙伴投资风险指标体系

风险影响因素	具体指标
经济基础	GDP总量、人均GDP、GDP增速、GDP波动性、贸易开放度、投资开放度、资本账户开放度、通货膨胀、失业率
偿债能力	公共债务、外债、短期外债/总外债、财政余额、外债/外汇储备、经常账户余额/GDP、贸易条件、银行不良资产比重、国际储备货币
社会弹性	内部冲突、环境政策、资本/人员流动限制、劳动力市场管制、商业管制、教育水平、社会安全、其他投资风险
政治风险	执政时长、政治稳定程度、军事干预、腐败问题、民主问责、政府有效性、法治、外部冲突
对华关系	签订BIT、投资受阻程度、双边政治关系、贸易依存度、投资依存度、免签情况

高波和孙建军等（2020）根据以上评价指标体系对主要"一带一路"合作伙伴的投资风险进行了评估，并搜集数据进行了处理。对于定性指标，根据中国社科院世界经济与政治研究所发布的《中国海外投资国家风险评级报告（2022）》中的CROIC-IWEP国家风险评级方法[①]，采用专家打分或相关机构的定性指标量化结果；对于定量指标，根据国际货币基金组织数据库和世界银行数据库，一共选取了33个"一带一路"合作伙伴的数据进行标准化处理，然后利用熵值法测算各个二级指标在合成一级指标中所占的权重，进而计算了经济基础、偿债能力、社会弹性、政治风险、对华关系五个指标的得分，并进行排序。本书在借鉴以上研究结果的基础上，选取"一带一路"沿线6大区域19个国家，从经济风险、政治风险、社会风险和对华关系四方面对中国在"一带一路"合作伙伴开展装备制造业价值链合作和投资面临的风险进行归类整理，从图4.3中可以清晰地看出"一带一路"合作伙伴四类风险的综合结果（条状堆积图中每一段的长度代表每一种风险的大小）。

---

① 中国社会科学院世界经济与政治研究所国际投资研究室.中国海外投资国家风险评级报告（2022）[R].北京：中国社会科学出版社，2022.

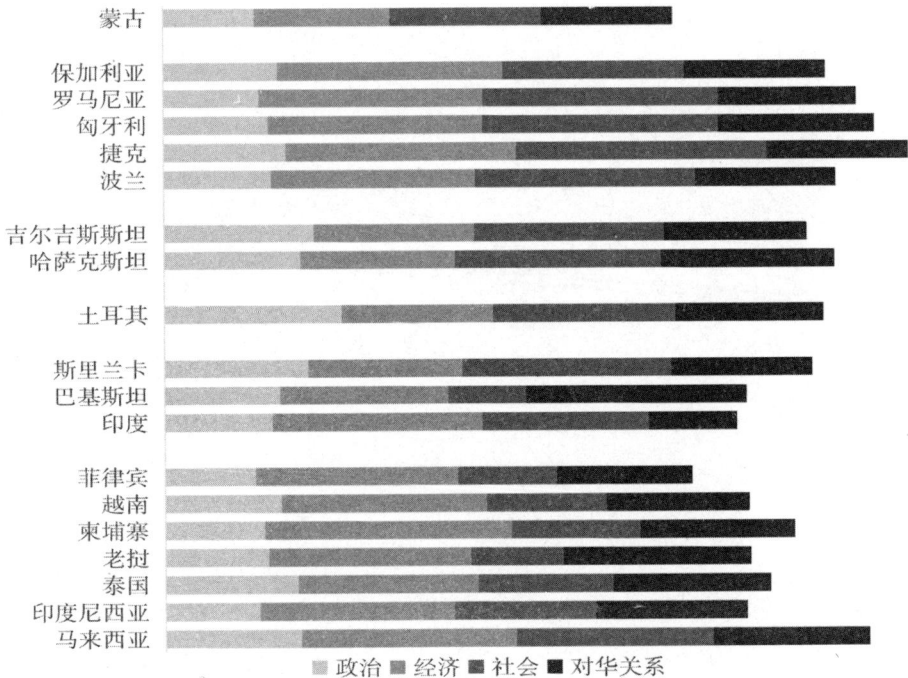

图 4.3 中国装备制造业在"一带一路"合作伙伴投资的风险构成

综合政治、经济、社会和对华关系等方面来看：捷克、匈牙利等经济基础好、劳动力素质高、营商环境稳定、与中国合作良好、投资风险较小；马来西亚、保加利亚、波兰、罗马尼亚和中亚国家的各方面发展较为均衡，投资风险可控；泰国、印度尼西亚、菲律宾、越南、老挝等东南亚国家表现不太稳定，投资风险较高；蒙古的投资环境最差，风险高于其他"一带一路"合作伙伴。

把上面选取的19个"一带一路"合作伙伴大体上分为四个区域，详细描绘每个区域的政治风险、经济风险、社会风险和对华关系。图4.4中a、b、c、d分别是东南亚区域、南亚区域、中亚区域、中东欧区域的价值链合作共享的安全性分布图，离中心越近表示安全性越低，即风险越高；反之，离中心越远表示安全性越高，即风险越低。

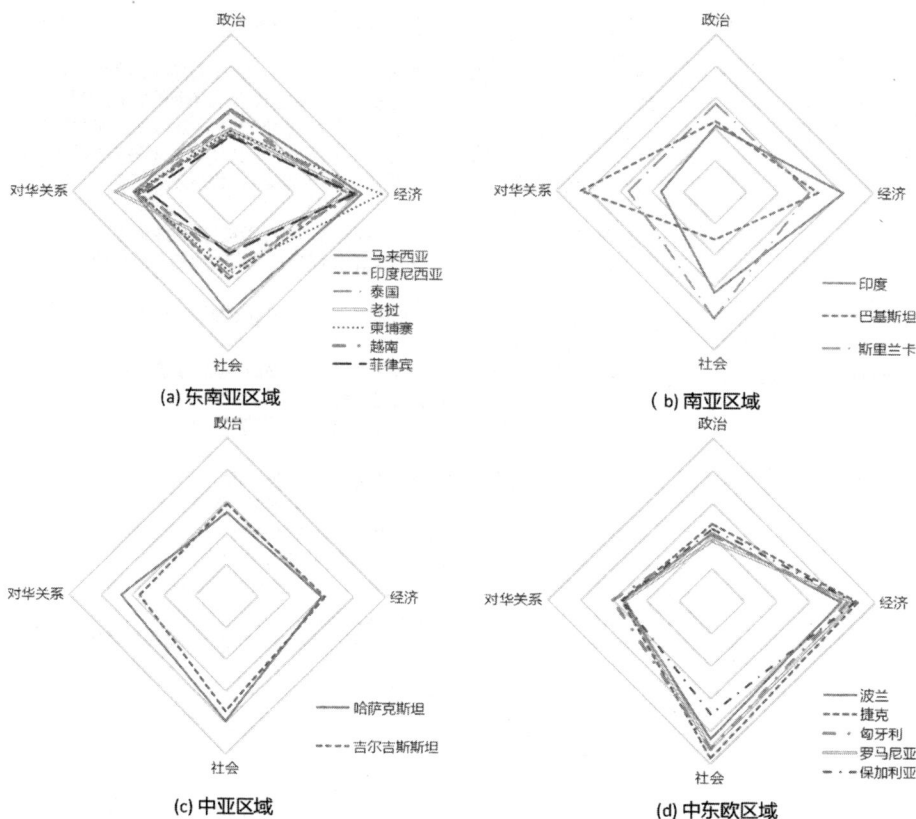

图 4.4　中国装备制造业在"一带一路"四大区域投资的风险分布

　　从图4.4中可以看出，东南亚地区的风险较为平均，经济风险和社会风险比政治风险和对华关系低，整体上呈现出合作潜力较大的趋势，其中马来西亚的合作环境比较突出；南亚区域的三个国家风险分布较分散，其中印度的对华关系较差，而巴基斯坦的社会稳定性不高，相比之下，斯里兰卡的合作环境更好；中亚地区两个国家风险都比较小，为装备制造业价值链开展合作和共享提供了有利的政治经济环境；中东欧区域的国家风险较为集中，经济风险和社会风险较低，但政治风险比较大，在对华关系上也对装备制造业的合作不利。

三、价值链合作与共享的风险防范

风险识别和风险评估是为了有效地防范风险。中国企业在"一带一路"沿线进行装备制造业合作和投资活动受到合作伙伴的政治、经济、法律、社会等多方面因素影响，因此为保证与"一带一路"合作伙伴装备制造业全球价值链合作与共享的顺利推进，需要有效地防范对外直接投资风险。风险防范就是针对各类可能存在的潜在风险，依据风险的类型、大小和先后次序等，建立起风险防范体系，来有效地规避、应对和处置风险。风险防范体系主要包括风险评估系统、风险预警系统、风险处置系统，如图4.5所示。首先，要建立风险评估系统，企业通过风险识别，对其投资过程中面临的风险种类及成因做出判断，并在风险识别的基础上，结合相关的研究方法对不同类型的风险进行评估；其次，建立风险预警系统，利用计算机系统获取和发出相应的预警信号；最后，建立风险处置系统，企业应依据风险处置系统对不同等级的风险采取风险规避、风险转移、风险分散、应急管理等相应的风险处置措施。

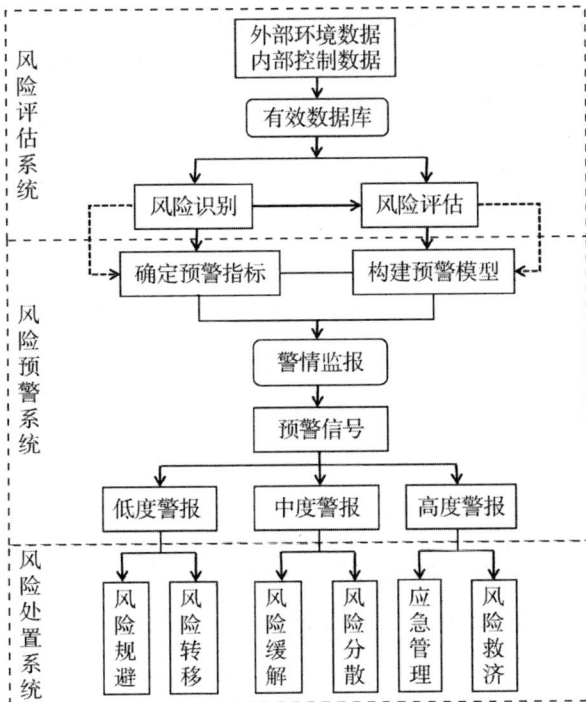

图 4.5 中国装备制造业企业在"一带一路"沿线投资风险防范体系

在对"一带一路"合作伙伴的各类风险进行充分调研和识别后，还需要从顶层设计的角度进行宏观把控，制定并执行相应的风险防范措施，在风险事件突发时，能够根据预案做好风险补救工作，尽可能挽回企业的投资损失。一方面，政府应当对企业给予一定的保护，通过调整法律和建设平台等帮助企业有效应对潜在的政治和经济等风险，为企业在"一带一路"合作伙伴开展装备制造业全球价值链合作和投资经营活动提供良好的投资环境；另一方面，参与对外直接投资的装备制造业企业自身要制定合理的对外直接投资策略，进行严格的内外部风险管控，全面提升自身在价值链中的地位，从而在"一带一路"合作伙伴进行投资的过程中有效地规避风险。因此，本书以下部分将从国家和企业角度提出一些在"一带一路"合作伙伴进行装备制造业全球价值链合作与对外直接投资的风险防范措施。

1. 签订政府间区域性投资协议，提供对外直接投资保护

政府间的沟通协商是推进中国装备制造业企业在"一带一路"合作伙伴开展价值链合作和进行投资的重要保障。要加强双边或多边政府间的对话合作，关于经贸合作中常见的政治风险、贸易壁垒、体制障碍等问题进行深入讨论和协商，从各方利益共同点出发，积极寻找推动双边或多边协定签订的可能性，并且要划分好双方的权利和义务，使双方在协议下能够得到有效约束，从而防范和降低企业在对外直接投资过程中可能遭受的风险损失。同时，可以创建"一带一路"多边投资担保机构，将其作为长效机制为企业提供稳定可靠的风险担保。随着"一带一路"倡议的实施推进，中国政府可以充分利用现有的双边或多边合作机制和合作平台，如亚太经合组织、博鳌亚洲论坛、中国国际投资贸易洽谈会等，在尊重各国国情和客观经济基础的前提下，本着"共商、共建、共享"的原则，推进贸易投资规则衔接，促进要素自由流动、贸易便利化和投资自由化。

2. 建立和完善法律保障制度，为企业提供相应的服务

由于中国在有关对外直接投资的立法上存在滞后性，缺少专门调整对外直接投资的法律法规，导致对企业境外投资的服务和保护不足。因此，为了更好地支持中国装备制造业企业开拓海外市场，保护这部分对外直接投资企

业的合法权益，需要建立和完善相关的法律保障制度。首先，政府要尽快建立一套完善的对外直接投资法律体系，要结合本国的实际情况和当代国际投资的特点，通过国家立法来明确保护企业的对外直接投资；其次，在立法过程中应当秉持"服务和保护"的原则，不仅要规范监督中国企业对外直接投资行为，还要尽可能多地体现出对中国企业进行对外直接投资的鼓励和保护，如简化审批程序、提高行政效率、提供资金融通渠道等；最后，在制定具体的法律条文时，需充分考虑中国企业在境外遭遇不公平待遇的实际情况，及时加以防范和约束，切实保护中国对外直接投资企业的利益。

3. 推动中国产业标准"走出去"，促进其与各国共享

对"一带一路"沿线大部分发展中国家来说，中国装备制造业的发展经验和标准在一定程度上是适合推广与借鉴的。尤其是随着"一带一路"倡议的实施，中国不断加大对合作伙伴的资金支持和资金援助，使中国在国际社会的话语权和地位不断提升，中国应借此机会与"一带一路"合作伙伴分享中国装备制造业的发展经验，推动构建由中国主导的"一带一路"装备制造业价值链合作与共享机制标准体系，实现"一带一路"区域内制造业细分行业和细分领域的合作与共享，从而实现互联互通，增强各国对中国的信任和支持。

4. 突出产业合作互利共赢，拓展"一带一路"沿线市场空间

中国应积极主动地与"一带一路"合作伙伴开展外交活动，团结广大发展中国家一起打造经济共同体和利益共同体，建立长期的全球价值链合作伙伴关系。由于欧美等西方发达国家不希望中国与"一带一路"合作伙伴开展合作，中国应本着友好合作的态度积极与合作伙伴沟通协调，通过一些具体有效的措施让"一带一路"合作伙伴感受到中国是一个负责任的大国。在装备制造业打开"一带一路"沿线市场时，中国装备制造业企业应坚持与国外企业共同开发沿线的资源和项目，充分利用"一带一路"合作伙伴的优势进行装备制造业全球价值链合作，同时应与当地企业或政府建立联系，通过利益分配、共享合作发展成果，让"一带一路"合作伙伴参与到装备制造业全球价值链合作中，降低投资风险，实现中国与"一带一路"合作伙伴在装备

制造业价值链合作共享领域的互利共赢。

5. 做好企业的风险评估，建立风险预警机制

由于"一带一路"合作伙伴在资源禀赋、经济基础、社会制度、宗教文化等方面存在较大差异，装备制造业企业在合作伙伴进行投资之前应当识别投资前后可能包含的各类风险，并且进行合理的评估，建立有效的风险预警机制。企业在投资前期应当进行充分的实地考察、信息搜集、数据整理、对比分析等，对合作伙伴进行全面深入的研究，及时有效地识别并评估风险，结合自身实际情况选择最适合的投资国家。企业应完善风险管控体系，建立良好的投资风险预警机制，更好地应对和处理在东道国投资过程中发生的风险，从而有效减少企业在投资过程中因风险评估不足而造成的经济损失。可以通过建立信息资源共享平台，掌握各国的经济状况、政治变动情况，提高风险评估的准确性和有效性，借助计算机辅助管理系统，实现对风险的实时监测、动态追踪，并根据反馈系统及时做出调整，全面提高对外直接投资企业的抗风险能力。

6. 实施本土化投资经营战略，减少双方利益冲突

中国装备制造业企业在"一带一路"合作伙伴进行投资和经营应当尽量实施本土化战略，降低当地政府和民众的抵触情绪，提高企业进入东道国的概率，有利于企业尽快融入东道国的当地社会。在实施本土化战略的过程中，借助东道国的本土资源，如原料、资金、人才和技术等，通过产品和技术的当地化，降低投资的进入门槛，较快打开当地市场，获取收益。通过聘请熟知东道国法律的人才，熟悉当地的政策要求和法律法规，有效防范法律风险，尤其要重视有关知识产权的法律法规，避免侵权和被侵权事件的发生。要适当雇用当地员工，注重协调两国员工人数比例，采取积极的措施引导员工形成正确的文化差异认知，并在组织中形成企业自身特有的文化理念和管理模式，从而避免出现严重的内部分歧和冲突，增强企业的核心凝聚力。

7. 提高核心竞争力，实现价值链的攀升

装备制造业企业作为对外直接投资的主体，要想在"一带一路"合作伙伴进行价值链合作以及对外投资，最根本的就是要加快创新发展，不断提高

自身的核心竞争力和在全球价值链分工中的地位。在现有的基础上结合自身实际情况进行科技创新和转型升级，吸收借鉴国外的先进经验，进一步提高技术水平和产品附加值。同时，企业要有对全球市场发展趋势的全局把握，及时感知全球市场的变化，从而能对整个国际市场进行分析并预测。分析市场变动和竞争对手的行为策略，实施有效的产品策略和发展策略，积极做出调整和应对，进一步提高对市场的应变能力。此外，装备制造业企业提高竞争力还需要加强品牌建设，制定科学有效的市场营销策略，通过品牌营销等形式，赢得良好的市场口碑，增强用户黏性，形成良性循环，在提升核心竞争力的同时实现长期可持续发展。

第五章

"一带一路"合作伙伴装备制造业价值链合作与共享的中国方案

第一节　加强"一带一路"沿线装备制造业价值链的区域合作

一、推进"一带一路"沿线装备制造业国际产能合作

中国装备制造业在全球价值链分工体系中的参与度明显高于传统制造业部门。同时，装备制造业内部的贸易程度也在不断加深。中国装备制造业通过引进外资在国内进行生产、销售和再出口，或者引进中间品，对中间品进行再加工和出口，已使中国逐步成为全球价值链体系中的最大参与者。借助"一带一路"倡议，推进合作伙伴装备制造业国际产能合作，实现以产品输出为主向以资本输出为主的转变。资本输出拉动产品输出不仅可以提升"一带一路"合作伙伴的工业化水平，而且可以促进中国产业转型升级，为中国的国内经济提供更加广阔的发展空间。

以价值链升级为核心制定发展战略。一方面，系统化梳理未来装备制造业价值链的发展方向，将未来装备制造业的发展划分为不同阶段，与生产相对落后的国家或地区开展经济合作，实现重视产业的生产项目向重视价值链发展的方向的转变，构建装备制造业全球价值链体系。另一方面，根据第二章测度的显性比较优势指数，分析得出中国和"一带一路"合作伙伴相对优

势和相对劣势产业，进一步编制对外产业转移地图。具体为向中东欧、西亚中东、中亚和南亚转移运输设备制造业（C15），充分利用中东欧良好的交通设备制造业基础、西亚中东与南亚的政策条件；向东南亚转移机械设备制造业（C13），为其带去技术和资金的同时更好地利用其当地丰富的劳动力资源；向南亚转移计算机、通信及电子光学设备制造业（C14），增加其收入，带动其经济协调发展；向蒙古、中亚转移基本金属制品业（C12），充分利用其矿产资源。对装备制造产业境外转移的方向、目标、步骤和相关的政策措施进行预研，使装备制造业企业对产业转移前景有所了解，合理引导企业对外投资的区位选择，针对不同国家区域特点与需求开展跨国产业合作。结合中国装备制造业自身的优势以及目标市场的实际情况，有针对性地规划"一带一路"合作伙伴之间合作的路线，统筹"一带一路"合作伙伴总体的规划布局，以及针对具体国家实施具体的方案，因地制宜、因国施策，与合作国达成战略共识并展开政策对接，对不同区域内产业、产能合作的重点给予协调和指导。注重增强合作国自身的自主创新能力。借助中国装备制造业发展的强大产能优势和经验优势，不仅要对合作国进行技术帮扶，更要激活和增强合作国自身的创新能力。要遵循当地投资规则，尊重当地文化、宗教和习俗，保障员工合法权益，更加主动地参与合作国的产业布局和结构调整，提升合作国整体经济内生动力。

通过国际产能合作，合作伙伴可以利用技术转移、模仿和再创新等途径共同推动技术进步，进而促进区域经济增长。"一带一路"合作伙伴可以共同建立技术研发创新中心，共同分摊研发费用，共享技术创新成果，这不仅会解决行业研发资金不足的难题，而且有助于提高行业的研究能力，实现技术的共同进步。发达国家的企业进入欠发达国家还会倒逼欠发达国家企业增强自主创新能力，推动技术进步。"一带一路"沿线发达国家的企业进入欠发达国家市场能够发挥示范效应[①]和竞争效应[②]，可以为欠发达国家带来先进的生产

---

① 示范效应（Demonstration Effect）是示范相关事项过程及成果所产生的示范影响与辐射效果。示范效应由系列阶段过程及示范行为形成，并在"增长极"的"扩散效应"与"回浪效应"相互作用下显现。

② 竞争效应是指由竞争带来的改进。竞争将会改变垄断的思维定式、服务意识，改变垄断的低效率，降低垄断的高成本。在一国的情况下，国内的主要工业部门，如高科技部门、重化工业部门等都会形成某种程度的垄断，这种垄断在一定程度上不利于国内竞争局面的形成，而且这些部门在保持长期稳定的情况下，缺乏竞争压力，进而缺乏技术进步的动力。组建经济一体化组织之后，各国的垄断企业在一个较大的市场中变成了竞争企业。

方式和技术，同时也会挤占欠发达国家企业的部分市场份额。为了增加企业利润、保持市场优势，欠发达国家企业在进行技术模仿的同时，也会继续加大对技术创新领域的投资力度，提高企业生产率，进而为市场提供高技术附加值的产品，满足市场的多样化需求。

二、促进"一带一路"沿线装备制造业价值链上下游协同布局

根据第二章中"一带一路"合作伙伴装备制造业以及各细分行业的全球价值链地位指数的测算结果，整体产业层面，在"一带一路"合作伙伴中，中国制造业处于相对下游的位置；细分行业层面，中国基本金属制品业（C12）处于价值链相对上游的位置，机械设备制造业（C13）与计算机、通信及电子光学设备制造业（C14）以及运输设备制造业（C15）在"一带一路"合作伙伴中都处于价值链相对下游的位置。

本书在七大区域中选取了13个有代表性的国家来分析其四大细分行业在全球价值链的地位，根据2021年各国装备制造业细分行业 GVC 地位指数以及其基于增加值的显性比较优势指数，"一带一路"合作伙伴装备制造业四大细分行业在价值链的上中下游均有布局。基本金属制品业上游的代表国家有中国（1.008）、斯洛伐克（0.987）等，中游的代表国家有马来西亚（1.001）、菲律宾（1.008）等，下游的代表国家有越南（0.878）、蒙古（0.855）、文莱（1.118）[①] 等；机械设备制造业上游的代表国家有匈牙利（0.904）、捷克（0.882）、斯洛伐克（0.847）等，中游的代表国家有中国（0.806）、哈萨克斯坦（1.176）等，下游的代表国家有泰国（0.684）、文莱（1.053）、蒙古（1.259）等[②]；计算机、通信及电子光学设备制造业上游的代表国家有菲律宾（0.893）、马来西亚（0.878）、匈牙利（0.866）等，中游的代表国家有中国（0.854）、斯洛伐克（0.840）、捷克（0.827）等，下游的代表国家有泰国（0.768）、文

---

① 文莱基本金属制品业的 GVC 地位指数虽然很高，为1.118，但其基于增加值的显性比较优势指数仅为0.011（见附表9），说明其出口资源密集型的初级产品，虽然价值输出能力较强但国际竞争力有限，因此将其纳入价值链下游国家。

② 哈萨克斯坦机械设备制造业的 GVC 地位指数较高，为1.176，但其基于增加值的显性比较优势指数较低，为0.245（见附表10），因此将其纳入价值链中游国家。文莱和蒙古的 GVC 地位指数分别为1.053和1.259，但其基于增加值的显性比较优势指数仅为0.0001和0.033，因此将其纳入价值链下游国家。

莱（1.156）、蒙古（1.440）等①；运输设备制造业上游的代表国家有匈牙利（0.801）、斯洛伐克（0.798）、捷克（0.753）等，中游的代表国家有柬埔寨（0.820）、哈萨克斯坦（0.832）、中国（0.749）等，下游代表国家有泰国（0.687）、蒙古（1.251）、文莱（1.047）等②。通过调整"一带一路"合作伙伴在装备制造业价值链上下游的协同布局，提升各国装备制造业向价值链高端转移（见表5.1）。

表5.1 2021年部分"一带一路"合作伙伴装备制造业细分行业 GVC 地位指数

	基本金属制品业	机械设备制造业	计算机、通信及电子光学设备制造业	运输设备制造业
中国	1.008	0.806	0.854	0.749
马来西亚	1.001	0.986	0.878	1.106
泰国	0.981	0.684	0.768	0.687
柬埔寨	0.95	0.958	0.959	0.820
越南	0.878	0.877	0.870	0.748
文莱	1.118	1.053	1.156	1.047
菲律宾	1.008	0.821	0.893	0.731
斯里兰卡	0.918	0.791	0.832	0.787
哈萨克斯坦	0.931	1.176	0.845	0.832
捷克	0.973	0.882	0.827	0.753
斯洛伐克	0.987	0.847	0.840	0.798
匈牙利	0.952	0.904	0.866	0.801
蒙古	0.855	1.259	1.440	1.251

数据来源：ADB-MRIO2022 数据库

① 文莱和蒙古计算机、通信及电子光学设备制造业的 GVC 地位指数分别为1.156和1.440，但其基于增加值的显性比较优势指数均为0.003（见附表11），因此将其纳入价值链下游国家。
② 匈牙利、斯洛伐克、捷克运输设备制造业的 GVC 地位指数较高，分别为0.801、0.798、0.753，同时，这三个国家还伴有极高的基于增加值的显性比较优势指数，分别为2.170、2.684、3.138（见附表12），因此将其纳入价值链上游国家。蒙古、文莱的 GVC 地位指数较高，分别为1.251和1.047，但基于增加值的显性比较优势指数仅为0.0001和0.002（见附表12），因此将其纳入价值链下游国家。

　　根据"一带一路"合作伙伴在各行业价值链的位置，本书提出如下建议：位于对应细分制造业价值链上游的国家主要负责研发、核心零部件生产制造和营销服务等具有高附加值的环节，上游国家要进一步学习发达国家先进的技术和管理经验，增强自主研发能力；中游国家在利用好自身工业基础的同时，主动学习上游国家的先进技术；下游国家则主要承接中间产品加工等环节，提高自身工业化水平。对中国而言，中国需要不断优化与其他"一带一路"合作伙伴在装备制造业领域内的共生水平，且应与沿线各国在不同的制造业细分行业中展开更为具体的合作。根据合作伙伴四大细分行业在全球价值链中的地位，促进上下游产业链协同布局，借力"一带一路"倡议引导装备制造业国际产能合作向价值链高端环节攀升。中国与下游国家的企业进行合作时，应当主动对这些企业进行技术帮扶和人员培训，从而快速提升其生产能力，获得规模经济红利，而在与上游国家企业进行合作时，应当积极派出学习小组或相关技术人员，在与相关企业进行合作的同时争取实现技术的"内部化"，从而在未来提升自身竞争力。

三、推动"一带一路"沿线装备制造业分层次发展

　　根据中国劳动密集型、资金密集型和技术密集型制造业发展状况和行业特点，中国应采取对应措施推动"一带一路"沿线装备制造业分层次发展。对于劳动密集型产业，应在资金与政策方面予以大力支持，劳动密集型产业进步可以极大地改善中国工业结构，促进中国就业和城市化的进程。作为劳动力大国，劳动密集型产业在中国相较于其他结构类型的制造业发展更加迅速，因此有可能更早地遭遇瓶颈，应及时做好转型升级的准备。及时与"一带一路"沿线的其他发展中国家做好对接，积极向发达国家学习经验，带动发展中国家发展。对于资金密集型产业，主要通过吸引外商投资和民间投资来解决资金短缺的问题。中国装备制造业近几年来在招商引资上遇到很大的问题，并有外资出逃到其他国家来降低成本的趋势。因此要充分利用"一带一路"平台，吸纳广大合作伙伴的投资，促进中国装备制造业发展的同时，带动"一带一路"合作伙伴的投资产业，实现创收和经济增长。对于技术密集型产业，应对其进行合理划分，对重点的技术和产品进行专项突破，对基

础好的产业予以一定程度的帮助和扶持。例如，对中国航天技术和光电信息科学、通信设备等高技术产业要重点突破。需要集中优势，先在航天技术和光电信息科学、通信设备等局部产业取得国际竞争优势，再带动整体制造业向前发展。

推动"一带一路"沿线装备制造业分层次发展，可以采取以下措施。

第一，积极拓宽融资渠道，缓解企业资金压力。通过重点打造企业与银行之间的合作平台，不断深化银企关系，加强企业与金融机构的对话沟通，降低金融机构对企业尤其是中小企业的投资风险，改善企业的融资环境，增大企业投资力度。支持鼓励中小企业成立中小企业联盟，抱团发展。建立健全行业融资机制，拓宽融资渠道，处理好行业与社会资本、民间资本间的关系，有序开展相关机构对企业的融资活动。通过行业影响力寻求多种资金来源，建立以行业为主导的专门担保机构，为中小企业贷款做担保，缓解企业资金压力，为企业发展提供更多的资金支持。第二，倡导新的发展模式，营造良好环境，引导企业学习新的发展理念，转变旧的发展模式。推动行业结构的转型升级，提高行业的竞争力和影响力。加大对企业的宣传和培训力度，鼓励企业充分挖掘自身潜力，通过减少原材料的消耗来提高原材料的利用率，降低企业的生产成本，增强盈利能力。为企业提供必要的技术指导，助力企业产品的更新换代，通过技术、品牌的差异化经营策略提高产品附加值和利润率。合理规划工业园区，推动企业集群发展，发挥产业集聚效应，为企业营造良好的发展环境。第三，通过提高自主创新能力来提高企业在国家市场上的竞争力。对企业而言，全球化既是机遇也是挑战，要想在国际市场上拥有一席之地以及在国际市场竞争中脱颖而出，企业必须形成自身独特的竞争优势，而这一优势来源于自主创新，其中理念创新是自主创新的前提。理念创新要求企业在管理理念、经营理念、生产理念等方面都要有新思路、新举措。产品创新是企业持续稳定增效的关键一招。加快行业产品创新，有助于调整企业的产品结构、优化产品服务品质、提升用户产品体验，使企业的市场竞争力最大化。企业要立足自身实际，把握创新主动权，大胆创新，努力成为技术创新的主体，在日益激烈的国际竞争中始终保持旺盛的生机，不断取得新的发展。第四，打造人才平台，助力企业发展，打造劳资双方供需平台，定期举办人才招聘会，为企业打造强大的人力资源储备库。着力深化校企对接，充分利用丰富的技术教育资源，建立实习基地，完善企业与学校联合培养的招生机制，培养一批理论水平高、实践能力强的高素质企业员工队伍。行业要为员工的再就业培训提供支持，以满足企业飞速发展对技能型劳动力的需要。加强行业间的交流，学习先进的技术和管理经验，创新企业人才升迁机制，激活员工的工作积极性，在企业成长的同时更加注重人才的培养，不断提高企业员工的获得感和成就感，真正实现企业又好又快发展。第五，积极加强对外交流，培育出国际化的品牌。"一带一路"倡议的提出为企业提供了全新的发展机遇。近年来，中国的许多中小企业与"一带一路"合作伙伴的合作交流更加深入，企业要切实利用好外部条件，凭借国内企业的优势，打好坚实的基础，在加强与国外企业合作的过程中，引进国外先进的设备与技术，借鉴国外先进的发展经验，深化与"一带一路"合作伙伴的交流与合作。在资金、劳动力和技术资源合作基础之外，还可以通过与跨国公司进行合作，借鉴优秀的经营模式，形成优势互补，最终实现企业间的互利共赢。中国在"走出去"的进程中，要注重中国品牌形象的打造，提高中国制造在国际上的认可度。

第二节　完善"一带一路"沿线装备制造业价值链合作共享的空间布局

一、构建以中国为雁首的"新型雁群模式"

在"一带一路"倡议中，中国将成为在创新、技术、供给、需求等领域发挥引领作用的国家，应积极构建以中国装备制造业为主导的区域产业分工体系，最终实现以中国为雁首的"新型雁群模式"。第一，在"新型雁群模式"中，以中国为雁首，以马来西亚、哈萨克斯坦、泰国装备制造业发展水平相对较高的合作伙伴为雁身，以柬埔寨、越南、菲律宾等发展水平相对较低的其他发展中国家为雁尾，覆盖了中亚、南亚、西亚、东南亚、中东欧等地区。在该模式下，中国主要承担上游设计研发、核心零部件制造和下游营销服务环节，"雁身国"可以利用自己的产业基础发展资金密集型产业和技术密集型产业，"雁尾国"主要承担雁身国外包的中间品，然后对其进行再加工。第二，在"新型雁群模式"下，中国经济基础雄厚，已经具备对外直接投资的资金实力，可以有效解决价值链合作与共享中的资金问题。自"一带一路"倡议提出以来，中国相继发起成立了金砖国家开发银行、亚投行、丝路基金等金融机构，为装备制造业价值链合作提供资金支持，为区域价值链相关基础设施建设和产业项目融资提供支持，同时也带动了其他金融机构和民间资本投资，为"一带一路"建设提供有力的资金保障。第三，在"新型雁群模式"下，分工模式变得更加稳定且可持续。一是合作伙伴对产业发展水平的不同需求，以及中国具有庞大的市场规模，可以为区域价值链合作提供从低端到高端的巨大出口市场，以抵御外部市场波动或经济制裁等所带来的负面影响。二是装备制造业价值链合作有助于中国将一些低附加值的生产环节向外部转移，释放出土地、资本、劳动等生产要素，实现资源更合理的配置，促进中国国内装备制造业结构升级，向价值链中高端迈进。此模式有利于中国装备制造业发展模式从"模仿赶超"到"自主创新"的转变，充分发挥中国国内市场和企业的发展潜力，获得赶超其他发达经济体的强劲动力。

二、建立多层次多支点的分工体系

按照"一带一路"合作伙伴地理位置的分布，可以分为中亚、西亚中东、南亚、东南亚、中东欧、蒙古和埃及七大区域，各区域之间和各区域内部存在发展水平的差异，所以应建立多层次多支点的分工体系。由于各区域内部都会有一些经济规模小、工业化进程慢的国家，这些国家很难独立支撑价值链中的某一特定环节，并且目前一些地理位置相对靠近的国家或地区已具备一个初步的合作框架，如东盟等。在此基础上，基于地理位置的分布以及现有的合作体系，在七大区域内部先构建一个较小规模的价值链，进一步将小规模价值链与中国和其他沿线区域联系起来。在最终建立"一带一路"装备制造业价值链时，除了要考虑区域内小规模的价值链，还要充分考虑各国的优势，从而决定各国在装备制造业生产环节的位置。以文莱（东南亚区域）、斯里兰卡（南亚区域）、塞浦路斯（西亚中东区域）、哈萨克斯坦（中亚区域）、拉脱维亚（中东欧区域）、蒙古、埃及等工业发展水平相对较高、投资环境较好的国家为支点。中国将这些国家作为重点投资的对象，扩大对这些国家的投资规模，一方面有助于在这些国家内部形成规模效应，另一方面将有助于形成中国装备制造业的海外生产基地，由支点国向外辐射，影响小规模的价值链，从而实现小型价值链的升级，减少整个区域价值链的管理成本。对于区域内发展水平较低并且劳动力丰富的国家，可以将一些加工组装行业通过建立相应的工业园区迁移出去，以资源补充、互为合作的形式提高其工业化水平；对技术水平相对较高并且具有一定高技术生产能力的国家，可以通过与其进行一定的技术研发合作，开发共享新技术，相互学习，提高自身装备制造的能力；对于区域内资金密集型国家，可以通过提供优惠政策，营造好的投资环境等方式积极吸引外资。

以汽车、挂车和半挂车的制造在合作伙伴的价值链布局为例，在中国—中东欧区域，波兰、匈牙利、捷克、斯洛伐克等国的汽车产业生产链相对比较成熟，其中捷克是全球最好的汽车零部件产业投资的目的国之一，具有比较完备的汽车零部件的产业链，而且拥有汽车零部件设计技术的研发中心。同时，中东欧国家在地缘上与欧洲众多发达经济体相近，市场关联度高，大量汽车及零部件出口到德国、意大利、英国等地区。因此，中国可以将捷克作为中东欧区域的投资重点，尤其是专注于汽车的技术研发以及中高端零部件的生产，加快该区域内价值链的构建。在中国—南亚区域，区域内部各国经济发展水平的较大差异导致产业发展水平差异较大，所以汽车的市场需求也有较大差异。印度在南亚国家中汽车制造业相对发达，目前已拥有较大的汽车制造业本土品牌，如 Tata Motors 和 Mahindra 等，印度国内汽车的产业链条相对完善。但是，巴基斯坦、斯里兰卡等国家缺乏一个相对完整的汽车制造业产业链条。因此，中国可以将印度作为南亚区域的投资重点，以与印度本土品牌合资的方式进入市场，并且利用其低劳动成本、丰富的金属材料等优势，发掘南亚广阔的市场潜力，重点发展零部件的生产以及汽车的外销，推动低端汽车的生产制造。在中国—东南亚区域，虽然各国的发展差异很大，但从区域总体上看，经济增长较快，市场一体化程度高。印度尼西亚作为一个人口大国，汽车产业的发展迅速，并且市场规模大，具备一定的技术优势和较为完善的供应链体系。因此，中国可以将印度尼西亚作为东南亚区域的投资重点，利用低成本的劳动力优势，在东南亚区域投资建厂，形成较为完整的产业链布局。由于各国经济发展的差异，需要建立具有一定梯度的汽车定价机制，刺激东南亚区域对汽车的消费，拉动区域内整体的经济发展。

三、升级"走出去"的布局和结构

"一带一路"倡议为中国装备制造业的发展搭建了一个更好的平台，在这个平台内高质量发展要求我们充分利用可获得的资源，积极打开外部市场。一方面，中国"走出去"的地域范围仍需扩大。东盟十国一直是中国投资的主要区域，同时中国在中亚、西亚中东、南亚和中东欧区域的投资还相对有限。中国需要为制造业的产业转移拓展空间，而这些地区具有一定程度的人力资源优势和市场优势。在未来对"一带一路"合作伙伴投资的过程中，保持对东盟投资良好势头的同时，要加大对中东欧、南亚、中亚、西亚中东的投资力度，充分挖掘各区域的优势，带动"一带一路"合作伙伴整体发展。另一方面，中国"走出去"的行业分布有待扩展。目前中国对于"一带一路"合作伙伴装备制造业的投资规模有限，投资结构不够合理。由"一带一路"沿线六大区域（因数据缺失，埃及除外）以及中国四大细分行业的基于增加值的显性比较优势指数的计算结果表明，2021年"一带一路"合作伙伴基本金属制品业的基于增加值的显性比较优势指数最高的为中亚（4.630），机械设备制造业的基于增加值的显性比较优势指数最高的为中国（1.247），计算机、通信及电子光学设备制造业的基于增加值的显性比较优势指数最高的为中国（1.548），运输设备制造业的基于增加值的显性比较优势指数最高的为中东欧（1.153）。"一带一路"合作伙伴装备制造业四大细分行业的基于增加值的显性比较优势指数差异较大。除基本金属制品业（C12）平均值为1.361，机械设备制造业（C13），计算机、通信及电子光学设备制造业（C14），运输设备制造业（C15）的数值均在0.4至0.5之间（见表5.2）。因此，在保持基本金属制品业（C12）良好发展的基础上，中国在未来投资过程中要加强对机械设备制造业（C13），计算机、通信及电子光学设备制造业（C14），运输设备制造业（C15）的投资，逐步提高其基于增加值的显性比较优势指数。在充分利用"一带一路"合作伙伴资源的同时也应带动当地的产业发展，尽量避免造成"资源掠夺"。重视并完善"走出去"的配套政策。根据中国所处的发展阶段、实际情况与现实问题转变政府职能，助力企业进行海外投资。

表5.2　2021年"一带一路"沿线装备制造业细分行业基于增加值的显性比较优势指数

国家	基本金属制品业	机械设备制造业	计算机、通信及电子光学设备制造业	运输设备制造业
中国	1.548	1.247	1.548	0.576
东南亚	0.522	0.202	0.604	0.488
南亚	0.425	0.101	0.104	0.226
西亚中东	1.140	0.781	0.218	0.405
中亚	4.630	0.158	0.053	0.188
中东欧	0.954	0.979	0.584	1.153
蒙古	0.310	0.033	0.003	0.001
平均值	1.361	0.500	0.445	0.434

数据来源：ADB-MRIO2022数据库

国家层面，拓展企业海外融资渠道，降低融资成本。一是探索建立海外重点项目专项投融资渠道。将部分外汇储备转化为海外投资基金，为企业提供低成本资金。二是扩大海外政策性贷款规模以及适用国家（地区）、适用项目的范围。扩大中国援外优惠贷款的规模与卖方的信贷规模，并且简化申请的手续以及相关流程。研究设立新的政策性海外贷款方式，适当减少政策性贷款的使用限制。三是降低海外项目融资成本和保险费率。放宽企业在海外开展债券融资、股权融资等直接投资的限制，鼓励企业直接在国际资本市场筹集低成本资金，简化资金汇入汇出流程，国内政策性银行可以针对海外重点项目推出低利率贷款。

企业层面，一方面，企业要加强顶层设计，根据企业实际情况和发展潜力，明确企业的国际化定位，制定具体的战略以及实施路径。另一方面，企业要确定企业推广计划，部署包括研发、服务、营销、人才、供应链等国际化经营战略。企业在自身发展不足的情况下，可以借助于国家的力量，充分利用国家优惠政策。另外要做好安全风险评估及预案。企业要以对外投资为目标，关注境外的动态，并建立健全风险预警机制，制订相应的风险预警计划，妥善处理好风险与收益、稳健经营与市场开拓之间的关系。

第三节 明确"一带一路"沿线装备制造业价值链合作共享的主体行为

一、连接全球价值链与区域价值链

构建以中国为主导的"一带一路"合作伙伴装备制造业价值链，可以改变合作伙伴与欧美发达国家之间"环节对抗链条"的不平衡竞争模式，使其变为"链条对抗链条"的竞争模式。在这种转变中，中国需要成为两条价值链之间的连接枢纽。一方面，可以保证两条价值链相互依存，但可以独立运行；另一方面，可以将"一带一路"合作伙伴价值链融入全球经济的运行体系中。

一是通过技术和生产部门的阶梯式转移，将全球价值链（GVC）和区域价值链（RVC）连接起来。在企业层面，中国大型跨国企业应积极参与到由发达国家主导的全球价值链中，承接发达国家高质量的产业转移，借此学习国外先进核心技术，促进企业技术升级。在国家层面，以基础设施建设为基础，逐渐实现产业链向"一带一路"合作伙伴的延伸，最终实现以中国企业为主导的国际分工体系。在"一带一路"合作伙伴装备制造业欠发达的地区投资建厂，依托海外产业园，转移低附加值的加工环节，同时将富余产能向外转移，将高附加值环节保留在国内，包括中间产品、关键零部件等高端产品的生产，为国内装备制造业价值链向上游阶段攀升提供强有力的基础。

二是通过营销网络连接 GVC 和 RVC。中国是连接 GVC 和 RVC 的枢纽国，在企业层面，一方面，中国企业可以利用与发达经济体企业经济合作积累的经验，在发达国家建立自己的品牌链，培育本土代理商和分销商，整合海外营销渠道，提升品牌和产品的知名度，建立面向欧美市场的国际营销网络。另一方面，由"一带一路"合作伙伴装备制造业价值链生产的产品可以利用中国的国际营销网络，销售至区域外的其他国家，以帮助沿线发展中国家打开全球市场，获得产品竞争优势。

三是利用好 GVC 与 RVC 的双向需求关系。"一带一路"倡议涉及的国家数量多、覆盖区域范围广，具有庞大的市场潜力，包括世界第一、第二的人口大国。因此，"一带一路"合作伙伴仍然是 GVC 必不可缺的参与国，并且备受发达经济体的关注，GVC 和 RVC 的需求是双向的。中国应当充分利用好自身在全球经贸中的影响力，提升在"一带一路"合作伙伴内规则制定的话语权，协调好 RVC 和 GVC 之间的关系。

二、建立健全不同层次的双边与多边合作机制

应进一步推动"一带一路"的建设进程，提供良好的政治和经济环境，并鼓励和保障企业可以顺利"走出去"，同时加大对合作伙伴资金的引入力度，促进深度合作。在"一带一路"合作伙伴的实际交往中，中国的有关部门要在文化和政策等领域加强沟通，制定更深层次的关税和投资制度，协商建立具有针对性的行政和监管部门。然后由政府牵头，建立装备制造业重点产业发展基金，鼓励合作伙伴和地区提高本国装备制造业发展水平。通过外交手段协商建立健全投资和营商保护体系，减少中国企业在"一带一路"合作伙伴投资和经营的风险，发挥市场的主导作用，简化企业对外直接投资的审核流程，提供有效的跨国仲裁途径，为企业拓宽外国市场，促进装备制造业产业链的构建。

三、鼓励企业以共享经济方式构建跨境产业链

中国在与"一带一路"合作伙伴进行合作时，应给予欠发达国家或地区

的企业技术和管理等方面的支持，实现互利共赢。在"一带一路"合作伙伴积极搭建涵盖信息平台、金融、物流等方面的多链条网络，全面促进中国装备制造业实现转型升级。不断进行自主研发与创新，不断提升在价值链中的地位，同时不断增强对区域内相对落后国家的技术分享与人才培养，引领这些国家在国内实现较为全面的工业化。另外，中国互联网企业、金融企业以及物流企业也应在"一带一路"价值链的框架下，积极对外进行投资与合作，构建国际平台网络、金融网络以及物流网络，在提升区域整体制造业服务化水平的同时，通过对各国市场中相关信息的整合以及促进信息在价值链条中的高效传递，加快跨国供应链条的形成以及双多边市场的融合，从而助力中国装备制造业在未来实现转型升级。此外，中国国内企业在与合作伙伴企业合作的过程中，应注重承担企业的社会责任，避免"先污染，后治理"的发展路径，布局高质量发展生产方式，建设区域协调、绿色可持续的装备制造业生产链条。

四、发挥各类中介机构支撑引领作用

充分发挥中介机构信息匹配的作用对跨国境的企业合作至关重要。面临信息壁垒，此时需要中介机构协调两国政策和企业生产规划等方面的信息来促成企业的合作。在"一带一路"装备制造业价值链建设的过程中，由市场自发形成各个细分行业的中介机构的过程是较为缓慢的，因此，需要发挥政府在宏观经济布局中的作用，由政府出面，联系有关部门、行业协会、龙头企业来建立企业合作交流平台，促进中介机构的建立，为企业跨国合作、行业准则的制定和跨国法律纠纷的解决提供帮助。应发挥各行业协会在相关企业出口的扶持作用，建立协会海外办事处。此外，中介机构必须遵守法律以及制度，遵守行业准则，保证中国装备制造行业在国外地区的有序经营，提高企业的运营能力。

五、建设装备制造业专业化人才队伍

"一带一路"倡议提出以来，中国的装备制造业还在不断地发展，对技术型人才需求较大，需要国家针对性地培养装备制造业人才。要重点突出技能导向，在健全高技能人才培养体系上，鼓励各类企业结合实际，把高技能人才培养纳入企业发展总体规划和年度计划中，依托企业培训中心、产教融合实训基地、高技能人才培训基地、公共实训基地、技能大师工作室、劳模和工匠人才创新工作室、网络学习平台等，大力培养高技能人才。在健全高技能人才岗位使用机制上，支持鼓励高技能人才在岗位上发挥技能、管理班组、带徒传技。同时，鼓励企业根据需要，建立高技能领军人才"揭榜挂帅"[①]以及参与重大生产决策、重大技术革新和技术攻关项目的制度。在技能要素参与分配上，明确用人单位在聘的高技能人才在学习进修、岗位聘任、职务晋升、工资福利等方面分别比照相应层级专业技术人员享受同等待遇。企业可对做出突出贡献的优秀高技能人才实行特岗特酬，加大对高技能人才的激励力度。此外，建立技能人才职业技能等级制度和多元化评价机制，激发技能人才干事创业的积极性。

六、健全人民币支付清算系统

人民币在国际货币支付体系的地位随中国经济崛起而不断提升，以此为基础，完善人民币支付结算体系，进一步推进人民币国际化。人民币结算业务在东北亚、中亚、南亚等地区的贸易中已经具有了较高的使用率和普及率，但与美元、欧元、日元相比，还存在着较大的差距。可以采取以下措施扩大人民币在国际上的使用率：

一是加大人民币支付收益宣传力度，推广人民币相关业务，拓展离岸市场[②]客户，提高人民币在海外市场的流动性；二是鼓励更多中资银行进入人民币跨境支付体系，消除中国金融机构支付机构的壁垒；三是提升人民币结算功能，完善人民币结算自动转账系统，推进人民币支付系统与其他金融证券

---

① "揭榜挂帅"也被称为"科技悬赏制"，是一种以科研成果来兑现科研经费投入的体制，一般是为了解决社会中特定领域的技术难题，由政府组织面向全社会开放的、专门征集科技创新成果的一种非周期性科研资助安排。

② 第二次世界大战之后，各国金融机构从事本币之外的其他外币的存贷款业务逐渐兴起，有些国家的金融机构因此成为世界各国外币存贷款中心，这种专门从事外币存贷款业务的金融活动统称为离岸金融，而由此建立起来的银行体系即为离岸市场。

登记结算系统的整合，提高人民币支付用户的黏性，解决现行人民币跨境支付系统不兼容问题；四是推动人民币进入可持续的结算货币体系，有效降低活期支付成本和风险。

七、完善陆路交通基础设施

完善陆路交通基础设施对补齐中国与"一带一路"合作伙伴交通短板，推动区域装备制造业价值链建设具有重要意义。中国与"一带一路"合作伙伴的经济合作主要集中在水路运输和陆路运输，但是由于陆路运输基础设施落后、铁路铁轨规格不同等问题，中国与合作伙伴的经济合作还是以水路运输为主，加强公路、铁路、航空、管道等陆路运输基础设施建设，有利于深化中国与中亚、西亚、南亚和中东欧的经济合作，推动区域装备制造业价值链的建设。首先，根据中国与合作伙伴的经济合作现状和市场需求，提高中欧班列的利用率，在合作伙伴建立更多的车站和枢纽中心，提高中欧班列的发车率。其次，大力发展直航航线运输。中亚和东北亚许多成员国的地形条件十分复杂，公路通行率低。但是，在对华贸易中，鲜活农产品却占有很大的比重，从整体上看，开辟直航航线比较经济。再次，继续加大公路、铁路建设力度。中国"一带一路"倡议将继续加强基础设施建设，除了继续增加公路、铁路投资，还应加强中蒙俄、新亚欧大陆桥等经济走廊建设。最后，加快推进通关一体化。通过与合作伙伴的通关一体化，中国的通关效率将会得到提高，并使"一带一路"合作伙伴受益。

八、推动数字经济与装备制造业融合发展

将数字技术经济广泛应用到装备制造业有利于装备制造业向价值链上游攀升、生产提质增效、提高服务化水平。首先，数字经济的飞速发展改变了装备制造业传统研发设计模式，为企业提供了开放创新型平台。数字经济显著降低了企业收集、整合信息的成本，提高了创新要素资源的流动速度和可用性，进而缩短企业的研发周期，提升创新成果转化速度，重塑装备制造业价值链，推动装备制造业向价值链中高端攀升。其次，人工智能等数字技术能提高产品质检效率和水平，有效提高装备制造业良品率。在企业内部，应

用数字技术可以使企业的生产过程更加精细化，提高资本、技术、劳动等生产要素的配置效率，优化企业的生产函数，从而促进企业乃至整个行业提质增效。最后，数字技术可以为装备制造业提供互联网平台支撑。一方面，数字经济打破地理空间限制，对海量碎片化需求信息进行充分整合，及时做出科学、精准、低成本的响应。在企业层面表现为企业增加研发设计投入，形成柔性化、个性化的生产模式，提高满足客户个性化需求的能力，进而提高行业服务化水平。另一方面，互联网平台也便利了产业链内部上下游企业的沟通，使得企业间供需信息交流时滞降低，这有利于企业科学地制定生产和销售决策，物流部门协调仓储，降低整个产业链的生产风险。

第四节　创新"一带一路"沿线装备制造业价值链合作共享的方式

一、创新国际经贸规则

中国推进"一带一路"建设不会重复地缘博弈的老套路，而将开创合作共赢的新模式。"一带一路"国际经贸规则是一个庞杂的体系。从内容上看，它包括贸易规则、投资规则、知识产权规则、金融规则、税收规则和争端解决规则等；从形式上看，它既有以条约形式呈现的且对参与国具有法律约束力的国际协定，也有以备忘录或者类似文书形式呈现的适用有关参与国家，但不具有法律意义上约束力的文件；从规则形成机制上看，既有参与国家通过双边机制建立的规则，又有通过国际上的多边机制建立的规则。因此，创新和完善"一带一路"国际经贸规则是一个复杂渐进的系统工程，必须依靠所有参与者的长期共同努力。为进一步推进"一带一路"价值链的构建以及中国与其他合作伙伴装备制造业之间的经贸合作，应在坚持"共商、共建、共享"这一基本原则的基础上继续大力推进"一带一路"倡议的建设，加强合作伙伴基础设施建设合作，为后续装备制造业价值链合作提供基础设施保障。中国需要积极对接新兴市场国家的贸易政策，与新兴市场国家结成友好合作伙伴关系，将这些国家的话语和制度融入中国对外经济政策中，共同引领国际经济法律制度的变革。在这一过程中，既要兼容已有国际经济法律制度的合理内核，又要改进和创新现有的国际经济法律制度。建设国家高层交流平台，形成良好的双多边高层友好往来关系，同时共同推动商品往来要地自由贸易协定签订，由央行牵头促进区域内各国金融体系的衔接，提升投资便利化水平，推动各国互联网与物联网的对接，沟通构建跨境合作平台，从而在多方面为"一带一路"价值链建设以及在此框架的各国经贸合作提供良好的政治和经济环境。

二、构建多重共享平台

合作伙伴的装备制造企业合作可以促进企业间的专业化分工与合作，有效配置生产要素，减少创新成本。为促进企业间合作，合作伙伴应打造企业间在装备制造业生产过程中的信息与技术等要素的共享平台。但从长远来看，随着共享行为的宽领域、高频率、深层次发展，企业的创新活动效益会随知识溢出、信息安全等问题的出现递减，进而使得企业热情消退、意愿降低。国家应采用激励型政策措施，同时制定公正合理的利益分配机制，畅通信息与技术共享等多重共享渠道，维护共享平台的长期运行和发展，为区域价值链的构建助力。区块链技术①作为一种安全可靠的分布式数据库可以应用于解决区域价值链内部的利益分配的难题，其去中心化、不可篡改、共识机制、数字加密以及智能合约的特点，可以实现安全可信的信息共享，成员共同记账保证了每一笔交易的真实性，智能合约可以实现利益的快速转移，可以有效避免恶意拖欠账款的行为。因此，可以将区块链技术作为利益分配的底层技术，实现区域价值链良性发展。积极发挥政府的牵头作用，由国家发展改革委"一带一路"建设促进中心牵头，建设"互联网+"国际装备制造业数

---

① 区块链，就是一个又一个区块组成的链条。每一个区块中保存了一定的信息，它们按照各自产生的时间顺序连接成链条。这个链条被保存在所有的服务器中，只要整个系统中有一台服务器可以工作，整条区块链就是安全的。这些服务器在区块链系统中被称为节点，它们为整个区块链系统提供存储空间和算力支持。

据和技术共享平台，实现装备制造业数据和技术在供给侧和需求侧之间的精准匹配和分享，构建满足差异化、个性化需求的装备制造业数据和技术共享模式。数据和技术的提供方和需求方分别是供给侧和需求侧，平台应同时满足双方需求，尽量将不同国家的高校、研究所、科技型企业、需求组织等纳入平台，实现共享的最大效用。平台需要明确共享领导和管理组织，以负责平台的管控和统筹，制定共享的机制和标准。共享平台具有资源整合、装备制造业数据和技术元数据查询、展示和供需匹配等功能，在功能层面以信息技术方式提高装备制造业数据和技术的匹配效率，以促进各国和各国际组织间数据和技术的流通。基于云平台、移动互联网等"互联网＋"技术形成在线的共享平台，将供给侧、需求侧和管理组织紧密结合起来，促进线上线下有机联动。通过互联网共享平台实现装备制造业数据和技术在不同国家和国际组织间的共享，促进供给侧、共享平台和需求侧之间的自由联动，提高装备制造业技术的国际交流水平和利用效率（见图5.1）。

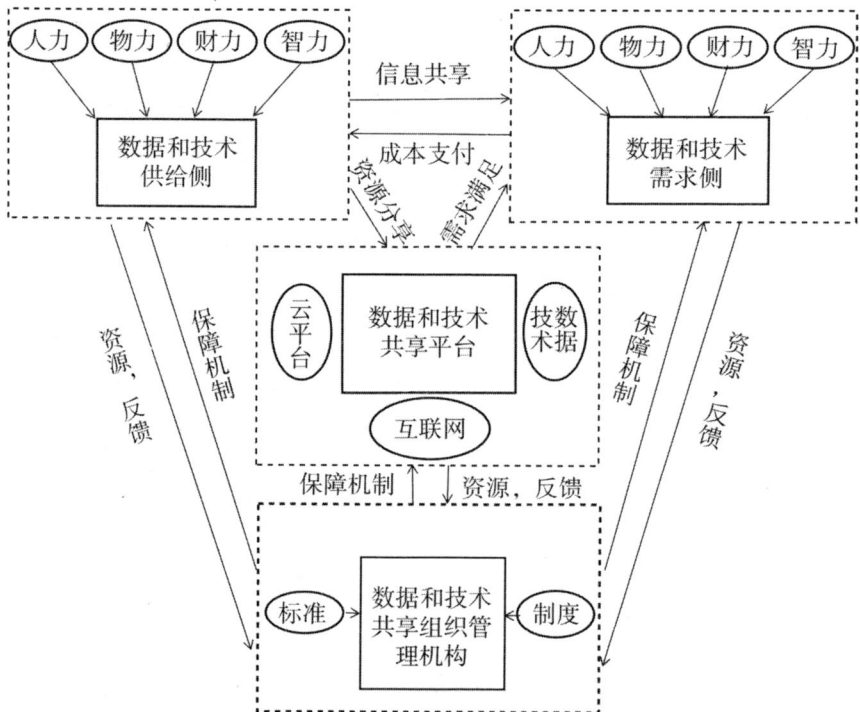

图 5.1　"互联网＋"国际装备制造业数据和技术共享模式

积极引导企业参与国家构建的"互联网+"国际装备制造业数据和技术共享平台，将企业单打独斗的状态转变为整体创新。在传统制造业中，标准决定着产品、决定着市场取向。专利和知识产权申报成了制造业获取最大经济利益的最佳途径。如果过度强调标准化，则容易形成垄断化的管理体系，从而扼杀创新。反之，如果只有创新而没有跟进的标准化，那么创新成果就很难转化为经济效益。为了处理"创新"与"标准"两者之间的关系，优化创新模式，需要引导行业整体层面的合作创新，建立"行业内企业共同研发+行业组织牵头引导+行业标准化=行业整体创新"的模式。这种行业整体层面的合作创新，既保障了标准化，又能化企业单打独斗为整体创新，体现了创新在行业间的协调和共享。

三、升级沿线产业园区

推动沿线工业园区开发与装备技术出口以实现产能合作。在新形势下，中国推动与"一带一路"合作国家的产能合作，需要坚定不移坚持改革和创新，塑造适应新形势的海外投资与国际合作体制，创新商业运行模式，提高产能合作经济效益，积极实施基础设施建设与规划。目前中国已在合作伙伴建成超过50个境外经贸合作园区，中国装备制造业要进行产能的全球再布局，需深入挖掘园区优势，利用所在国资源优势，将价值链延长与升级。利用中国现有优势促进装备制造业产能合作，促进中国装备产品出口贸易。例如，中国与哈萨克斯坦公司在综合钢厂项目等能源、设备制造及生产性服务行业进行合作，拓宽了中国与合作伙伴产能合作的需求和潜力，也为后期实现更深度的贸易合作和增长奠定了坚实的基础。

工业园区应注重价值链攀升以及产业可持续发展，积极创新产业集群对外投资方式，保护生态环境。对园区来说，要有重点、有侧重地引进企业投资，园区内产业要推动装备制造业结构优化，提升中高端行业在产业结构中的比重，实现"精英式"发展，避免同类型产业和园区的泛滥。将服务作为重要环节，全面提高企业服务水平。构建完善的服务体系，为企业提供全面、个性化、一站式的服务，包括资金支持、技术研发合作、人才引进等。加强对企业的跟踪服务，帮助企业解决实际问题，提高企业竞争力。

　　企业应积极响应国家号召，积极向"一带一路"合作伙伴"走出去"，尽快利用群体效应[①]成为区域价值链节点，融入东道国生产环境，形成企业协同合作氛围。同时，提升企业自身管理能力，塑造良好的社会形象，注重可持续发展。在生产研发过程中，加大新型产品、高附加值产品的研发投入，提高先进技术对装备制造业发展的支撑和驱动作用，以占领产业未来竞争的制高点，实现从外延式、粗放型的发展模式向内涵式、集约型发展模式转变。大力推动装备制造领域质量变革、效率变革、动力变革，加快构建创新引领、富有竞争力的装备制造业价值链条。

四、推动制造走向"智造"

　　现在制造业发展的趋势表明，高新技术，如大数据、物联网、人工智能等会在将来的产业发展当中有着非常高的地位。物联网和大数据推动着物理世界和信息世界以信息物理系统[②]的方式相融合。信息系统将使装备制造业实现资源、信息、物品、设备和人的互联互通，装备制造业从以往的资源驱动（土地、原材料、人口红利）将转变为信息驱动，形成智能制造。在产业链建设过程中尝试建造智能车间，通过应用人工智能技术让装备制造工艺更加优良，全面监察以及控制整个过程。企业还可以将此类技术应用到供应链、客户联系等其他方面。这样可以让公司的经营管理、产品的研发、生产和销售等核心流程相互结合，形成由"制造"到"智造"的转变。信息驱动下产品制造的过程，将体现出智能制造的价值，能够科学地编排生产工序，提升生产率，实现个性化定制生产，还可以提高资源利用效率，减少能耗。当前，中国装备制造业有高端环节回归发达国家、低端环节向东南亚迁移的趋势。为了打破这种趋势，适应未来发展，中国装备制造业需提升自动化与产品差异化水平。降低终端连接成本，倒逼企业从生产到销售等环节改革创新，从传统的"大而粗"到"小而精，快而优"的转变。

---

① 群体效应是指个体形成群体之后，通过群体对个体约束和指导，群体中个体之间的作用，就会使群体中的一群人，在心理和行为上发生一系列的变化。

② 信息物理系统（CPS, Cyber-Physical Systems）是一个综合计算、网络和物理环境的多维复杂系统，通过3C（Computation、Communication、Control）技术的有机融合与深度协作，实现大型工程系统的实时感知、动态控制和信息服务。

五、鼓励自主开发与吸收引进相结合

推动中国装备制造业高附加值环节占比向区域价值链上游攀升，需要将技术领域自主开发与吸收引进相结合。引进先进的技术，继续扩大对外开放水平，充分发挥《区域全面经济伙伴关系协定》（*Regional Comprehensive Economic Partnership*, RCEP）的作用，加快中日韩自贸区谈判进程，促进"一带一路"框架下的第三方市场合作，提升区域一体化水平。深层次提高装备制造业的自主研发能力，需要加快构建以企业为主体、以"企业家精神"为驱动、市场为导向、产学研相结合的技术创新体系。进一步确立企业的研发主体地位，政府、高校、科研院所、生产性服务机构积极配合，加快科技创新资源合理流动，促进创新资源高效配置和综合集成，形成具有中国特色、高效流畅的协同创新体系。

附 录

附表1　2014—2021年"一带一路"合作伙伴装备制造业 GVC 地位指数

	2014	2015	2016	2017	2018	2019	2020	2021
中国	0.85189	0.85501	0.86154	0.86181	0.87026	0.87072	0.87812	0.87037
马来西亚	0.95743	0.96478	0.96379	0.97213	0.93401	0.92958	0.91353	0.91865
泰国	0.85352	0.89764	0.90696	0.89467	0.87801	0.86743	0.87140	0.85491
老挝	1.01580	0.97840	0.99688	0.98375	1.05456	1.12625	1.10108	1.07860
柬埔寨	0.90380	0.89511	0.89761	0.90332	0.92500	0.95190	0.93721	0.93686
越南	0.88442	0.87459	0.90727	0.90744	0.89402	0.87563	0.88868	0.85941
文莱	1.01254	0.99036	1.05596	1.05499	0.90313	1.05608	0.98956	1.04723
菲律宾	0.91216	0.91440	0.91700	0.91587	0.89273	0.88194	0.88777	0.89460
印度	0.91240	0.88963	0.86041	0.87220	0.90136	0.89955	0.91062	0.89693
巴基斯坦	0.85898	0.87922	0.83477	0.86105	0.86850	0.90921	0.90252	0.90508
孟加拉国	0.98743	1.03459	1.05233	1.03563	0.91551	0.92580	0.93822	0.93261
斯里兰卡	0.79885	0.88254	0.93721	0.91246	0.84209	0.84655	0.86368	0.84863
土耳其	0.86994	0.86998	0.85947	0.85047	0.85201	0.91211	0.91431	0.97751
塞浦路斯	1.03137	1.02060	1.02858	1.03562	0.97644	1.06859	1.10541	1.02462
哈萨克斯坦	1.02042	1.03868	1.01104	1.02581	1.00312	0.97893	0.97099	0.93652
吉尔吉斯斯坦	0.96019	0.97275	0.88343	0.96770	0.96668	1.04506	1.16756	1.08504
波兰	0.90559	0.88880	0.89262	0.88107	0.87868	0.88422	0.87920	0.87957

续表

	2014	2015	2016	2017	2018	2019	2020	2021
立陶宛	0.97209	0.93368	0.92951	0.92902	0.93260	0.94113	0.92580	0.93242
爱沙尼亚	0.92599	0.91323	0.91126	0.90620	0.91908	0.92911	0.92475	0.95400
拉脱维亚	0.98230	0.95861	0.95978	0.96314	0.95409	0.96391	0.97284	0.95396
捷克	0.88054	0.85553	0.86115	0.86345	0.83079	0.86204	0.84769	0.84962
斯洛伐克	0.90138	0.85967	0.87111	0.86671	0.85113	0.86647	0.86404	0.87265
匈牙利	0.89574	0.87185	0.88178	0.86980	0.85914	0.88889	0.87512	0.87699
斯洛文尼亚	0.92902	0.89285	0.89384	0.89363	0.89686	0.93033	0.92309	0.91906
克罗地亚	0.91852	0.90344	0.89727	0.89986	0.89855	0.93682	0.93323	0.89546
保加利亚	0.91281	0.89080	0.89163	0.89623	0.87839	0.89602	0.88142	0.89021
罗马尼亚	0.88256	0.86566	0.86318	0.86216	0.85304	0.85731	0.84524	0.85375
蒙古	1.16669	1.10847	1.10097	1.10733	1.06469	0.92617	0.87718	0.90277

数据来源：ADB-MRIO2022数据库

附表2　2014—2021年"一带一路"合作伙伴基本金属制品业 GVC 地位指数

	2014	2015	2016	2017	2018	2019	2020	2021
中国	1.00251	0.99533	1.00625	1.00546	1.01420	0.99672	1.01116	1.00758
马来西亚	1.04102	1.03422	1.06919	1.03856	0.99474	1.02058	1.01384	1.00106
印度尼西亚	0.90194	0.87813	0.90380	0.89502	0.89136	0.86031	0.84790	0.83833
泰国	0.90388	0.89143	0.91005	0.89894	0.90152	0.98940	0.96895	0.98124
老挝	0.93492	0.97892	0.98759	0.97786	1.06965	1.10689	1.08621	1.08268
柬埔寨	0.86588	0.87470	0.89433	0.89484	0.93352	0.94318	0.94848	0.95044
越南	1.04710	1.03569	1.03671	1.04135	0.89623	0.89772	0.92370	0.87760
文莱	1.15707	1.11030	1.15281	1.20118	1.05289	1.11317	1.12174	1.11760
菲律宾	0.99527	0.98378	1.00213	0.99999	1.00982	0.97927	0.98218	1.00755

续表

	2014	2015	2016	2017	2018	2019	2020	2021
印度	1.02745	1.00662	1.01770	1.00458	1.05060	1.04499	1.03619	1.01230
巴基斯坦	0.89128	0.86012	0.86001	0.86478	0.88860	0.88830	0.86748	0.88230
孟加拉国	1.12195	1.13114	1.13698	1.13701	1.01928	1.07247	1.07116	1.04870
斯里兰卡	0.99897	1.00622	1.00758	0.98061	0.92985	0.89048	0.91007	0.91784
尼泊尔	0.84982	0.83955	0.85533	0.84048	0.81606	0.89087	0.90440	0.81304
不丹	0.77666	0.74881	0.76501	0.75312	0.85355	0.81249	0.86926	0.84484
土耳其	0.91497	0.89385	0.90384	0.89712	0.89397	0.91840	0.92040	1.01746
塞浦路斯	1.03157	1.02374	1.04276	1.02203	1.01205	1.09425	1.10751	1.05480
哈萨克斯坦	0.96922	0.93993	0.94576	0.91459	0.99749	0.96454	0.96401	0.93147
吉尔吉斯斯坦	0.97469	0.94303	0.93488	0.91714	0.94656	0.95840	0.98078	0.96556
波兰	0.97441	0.95535	0.95663	0.95615	0.93956	0.92109	0.92766	0.92748
立陶宛	0.94453	0.93240	0.90574	0.93137	0.97815	0.97562	0.95801	0.97801
爱沙尼亚	0.94147	0.93296	0.92325	0.92192	0.91875	0.98292	0.98359	1.00229
拉脱维亚	1.00995	1.00080	1.00126	1.00223	0.98847	1.01430	1.01206	1.01953
捷克	0.96808	0.94553	0.94993	0.94947	0.92659	0.96462	0.95932	0.97318
斯洛伐克	0.99174	0.95817	0.95468	0.95371	0.94795	0.99963	0.98690	0.98681
匈牙利	0.97950	0.94862	0.95883	0.94960	0.94792	0.95611	0.95725	0.95165
斯洛文尼亚	0.96536	0.94039	0.93501	0.94818	0.93268	0.96309	0.97473	0.97691
克罗地亚	0.92484	0.90967	0.90970	0.91318	0.92680	0.97320	0.99105	0.94652
保加利亚	0.99381	0.97124	0.97670	0.97865	0.95935	0.97312	0.92559	0.95960
罗马尼亚	0.97395	0.95929	0.96177	0.96178	0.98144	0.97855	0.97424	0.97847
蒙古	1.11832	1.05794	1.03253	1.07075	0.98343	0.88413	0.83264	0.85474

数据来源：ADB-MRIO2022数据库

附表3　2014—2021年"一带一路"合作伙伴机械设备制造业 GVC 地位指数

	2014	2015	2016	2017	2018	2019	2020	2021
中国	0.85061	0.84477	0.85933	0.86644	0.85196	0.80094	0.81119	0.80629
马来西亚	0.97527	0.97859	0.95178	0.98452	0.97971	1.00670	0.99906	0.98623
印度尼西亚	1.00378	1.00618	0.96546	1.00266	1.02712	0.96279	0.98067	0.96774
泰国	1.02395	1.02606	1.03922	1.03351	0.83760	0.68589	0.68221	0.68431
老挝	1.01110	1.06905	0.98627	0.98107	1.10872	1.02034	1.05886	1.07808
柬埔寨	0.98871	1.01354	1.03740	1.01793	0.94900	1.04247	0.99820	0.95758
越南	1.09255	1.09540	1.09556	1.08844	0.93871	0.97737	1.01685	0.87659
文莱	1.00363	0.99944	1.08528	1.04299	0.99741	1.18565	1.09381	1.05315
菲律宾	0.84045	0.84592	0.85302	0.84982	0.79660	0.79892	0.81971	0.82062
印度	0.89807	0.90320	0.89094	0.89664	0.84928	0.83646	0.84664	0.81826
巴基斯坦	0.92501	0.90277	0.90750	0.91313	0.83196	0.90926	0.94269	0.89240
孟加拉国	1.05171	1.06730	1.07555	1.06216	0.79349	0.84492	0.86690	0.95212
斯里兰卡	0.98113	0.96780	0.97478	0.98824	0.76811	0.80486	0.81757	0.79103
尼泊尔	0.96881	0.97920	0.96963	0.99174	0.83524	1.17052	1.22286	1.09409
不丹	1.10479	1.12162	1.12337	1.12459	1.17729	1.14366	1.22423	1.19742
土耳其	0.85914	0.84676	0.85646	0.84742	0.87185	0.91637	0.91442	0.92552
塞浦路斯	1.04430	1.03916	1.06387	1.03098	1.02460	1.14782	1.23590	1.04449
哈萨克斯坦	1.33054	1.29572	1.29117	1.32491	1.17141	1.17954	1.18453	1.17577
吉尔吉斯斯坦	0.99405	0.94617	0.95164	0.96845	1.04829	1.09034	0.99533	1.02861
波兰	0.91758	0.90493	0.91280	0.90869	0.93151	0.91029	0.89829	0.90095
立陶宛	1.02679	1.01331	0.98734	1.02374	0.99333	1.03843	1.00853	1.04008
爱沙尼亚	1.02150	1.01371	1.00830	1.01371	0.97682	0.94961	0.94644	0.95699

续表

	2014	2015	2016	2017	2018	2019	2020	2021
拉脱维亚	1.06415	1.03156	1.04639	1.04238	1.05100	1.05964	1.03830	0.98379
捷克	0.87963	0.86760	0.87241	0.87017	0.83026	0.86539	0.86006	0.88231
斯洛伐克	0.87700	0.85730	0.85668	0.84920	0.82443	0.86432	0.84790	0.84711
匈牙利	0.93394	0.91707	0.93246	0.92580	0.90973	0.92416	0.90290	0.90442
斯洛文尼亚	0.90310	0.87649	0.87969	0.86982	0.88559	0.90820	0.87895	0.89241
克罗地亚	0.93384	0.92533	0.92462	0.92661	0.90343	0.91890	0.88184	0.85503
保加利亚	0.88247	0.86982	0.88297	0.88028	0.84227	0.83331	0.82261	0.81505
罗马尼亚	0.89374	0.88705	0.89252	0.88760	0.87851	0.90817	0.91463	0.91421
蒙古	1.35630	1.28206	1.28827	1.31460	1.47223	1.29920	1.22876	1.25910

数据来源：ADB-MRIO2022数据库

附表4 2014—2021年"一带一路"合作伙伴计算机、通信及电子光学设备制造业GVC地位指数

	2014	2015	2016	2017	2018	2019	2020	2021
中国	0.83399	0.83541	0.85236	0.84724	0.87717	0.86444	0.85723	0.85437
马来西亚	0.90357	0.90738	0.92221	0.90899	0.89666	0.88046	0.86695	0.87760
印度尼西亚	0.83383	0.83401	0.81998	0.83353	0.83223	0.86613	0.86135	0.86473
泰国	1.02756	1.02817	1.04362	1.04891	0.90602	0.75747	0.76254	0.76848
老挝	0.96526	1.00063	1.02932	1.00482	0.99080	1.28155	1.23551	1.13614
柬埔寨	0.92297	0.91550	1.06618	0.91504	0.96207	0.98135	0.94937	0.95928
越南	0.86958	0.87704	0.89648	0.87644	0.90057	0.85806	0.88346	0.86969
文莱	1.03570	1.02907	1.12375	1.07992	1.05770	1.16373	1.10478	1.15590
菲律宾	0.94330	0.94905	0.96986	0.95537	0.89996	0.88704	0.88742	0.89284

续表

	2014	2015	2016	2017	2018	2019	2020	2021
印度	0.85825	0.86383	0.84581	0.85522	0.87156	0.88920	0.90816	0.86522
巴基斯坦	0.95257	0.93102	0.93794	0.93858	0.97953	1.04852	1.03644	1.03668
孟加拉国	0.98070	0.99370	1.00393	0.97207	0.74869	0.81845	0.75480	0.75513
斯里兰卡	1.09641	1.07701	1.09487	1.16169	0.80973	0.82524	0.84961	0.83224
尼泊尔	1.01405	1.01380	1.01220	1.05952	0.90696	1.09181	1.10155	1.01074
不丹	0.89860	0.91924	0.90407	0.94293	1.08839	0.90147	0.85352	0.91488
土耳其	0.87250	0.85782	0.86725	0.86134	0.85070	0.94677	0.92359	0.92785
塞浦路斯	0.88322	0.83105	0.86828	0.85049	0.82657	0.88577	0.87597	0.88672
哈萨克斯坦	1.13266	1.13012	1.12891	1.03738	0.81001	0.90967	0.93399	0.84459
吉尔吉斯斯坦	0.99853	0.97967	1.01096	0.99567	0.92417	0.97318	0.87000	0.93646
波兰	0.84080	0.83071	0.83678	0.82419	0.81031	0.83284	0.83728	0.83971
立陶宛	0.94991	0.94075	0.87107	0.95089	0.87418	0.87383	0.86709	0.85655
爱沙尼亚	0.83700	0.82656	0.82804	0.81797	0.86423	0.83577	0.83949	0.86960
拉脱维亚	0.85476	0.84866	0.86370	0.86008	0.86462	0.87631	0.88448	0.86909
捷克	0.82388	0.81873	0.82826	0.82041	0.80678	0.83125	0.83382	0.82670
斯洛伐克	0.83637	0.82842	0.84721	0.82510	0.81041	0.83736	0.83092	0.83972
匈牙利	0.84083	0.83606	0.84379	0.83135	0.84652	0.87689	0.86396	0.86566
斯洛文尼亚	0.86739	0.85322	0.86081	0.84969	0.85580	0.90020	0.89956	0.88617
克罗地亚	0.88008	0.87355	0.87555	0.86944	0.86191	0.92045	0.87788	0.86908
保加利亚	0.86753	0.85426	0.86972	0.86921	0.84723	0.87472	0.85913	0.87612
罗马尼亚	0.81193	0.80812	0.81774	0.81225	0.81979	0.82331	0.81388	0.81014
蒙古	1.44714	1.39093	1.41399	1.45605	1.63234	1.42909	1.41196	1.44049

数据来源：ADB-MRIO2022数据库

附表5 2014—2021年"一带一路"合作伙伴运输设备制造业 GVC 地位指数

	2014	2015	2016	2017	2018	2019	2020	2021
中国	0.81886	0.81304	0.81893	0.83398	0.80600	0.78099	0.79006	0.74884
马来西亚	0.98465	0.99262	0.98383	0.98642	1.01710	1.09576	1.10973	1.10608
泰国	0.72937	0.72453	0.73196	0.73580	0.73910	0.71589	0.72505	0.68736
老挝	1.00100	1.02283	1.05565	1.03601	1.08765	1.42410	1.27035	1.37226
柬埔寨	0.81393	0.81729	0.82638	0.82822	0.76020	0.90032	0.84812	0.82027
越南	0.74900	0.75994	0.77601	0.76515	0.78595	0.77268	0.77723	0.74778
菲律宾	0.63869	0.64426	0.65559	0.65476	0.71667	0.72893	0.75282	0.73149
印度	0.83332	0.83377	0.81119	0.82886	0.73736	0.72826	0.73819	0.75491
巴基斯坦	0.87362	0.84472	0.84828	0.85563	0.80454	0.87554	0.87361	0.89080
孟加拉国	0.94534	0.95081	0.95006	0.94553	0.95645	0.99998	1.02706	0.99960
斯里兰卡	0.84098	0.83055	0.83184	0.88910	0.79204	0.88538	0.83794	0.78715
土耳其	0.75914	0.74531	0.75069	0.74991	0.70891	0.73607	0.72066	0.71156
塞浦路斯	0.98051	0.85612	0.86408	0.86654	0.82791	1.03943	1.11263	0.95477
哈萨克斯坦	0.86789	0.83606	0.91841	0.85712	0.84455	0.81087	0.82286	0.83248
吉尔吉斯斯坦	1.01817	1.03285	1.05126	1.05643	0.86645	0.84818	0.86513	0.86208
波兰	0.80068	0.78989	0.79364	0.79206	0.77944	0.80582	0.79282	0.78743
立陶宛	0.97260	0.95491	0.85554	0.96795	0.83232	0.84587	0.85651	0.83746
爱沙尼亚	0.84158	0.83116	0.84223	0.84229	0.80944	0.86548	0.87092	0.86623
拉脱维亚	0.88433	0.83895	0.84720	0.85797	0.79427	0.79692	0.83576	0.85160
捷克	0.80979	0.79367	0.79316	0.79398	0.75900	0.78804	0.76218	0.75295
斯洛伐克	0.80157	0.78481	0.78307	0.77825	0.78507	0.80241	0.79387	0.79842
匈牙利	0.82670	0.81545	0.81640	0.81272	0.77051	0.81874	0.80193	0.80099

续表

	2014	2015	2016	2017	2018	2019	2020	2021
斯洛文尼亚	0.80536	0.77984	0.77940	0.78886	0.76665	0.78888	0.76504	0.77260
克罗地亚	0.84131	0.82869	0.82706	0.82595	0.80153	0.79266	0.87780	0.81856
保加利亚	0.78895	0.77662	0.78420	0.79150	0.76642	0.80101	0.79092	0.78261
罗马尼亚	0.79475	0.78639	0.78867	0.78664	0.77129	0.78136	0.76370	0.77514
蒙古	1.37819	1.33845	1.28826	1.35076	1.65810	1.26623	1.18263	1.25141

数据来源：ADB-MRIO2022数据库

附表6　2014—2021年"一带一路"合作伙伴装备制造业 GVC 前向参与度

	2014	2015	2016	2017	2018	2019	2020	2021
中国	0.15885	0.15053	0.14298	0.14907	0.12373	0.13370	0.13993	0.14286
马来西亚	0.45522	0.43885	0.42294	0.44822	0.38692	0.46207	0.46992	0.49038
泰国	0.31451	0.37949	0.36109	0.36499	0.42473	0.25419	0.31122	0.27968
老挝	0.05621	0.06057	0.05970	0.06309	0.07992	0.05936	0.05520	0.09210
柬埔寨	0.07528	0.10993	0.12595	0.12009	0.17988	0.10718	0.11642	0.12164
越南	0.54127	0.50114	0.57756	0.59233	0.48203	0.47639	0.53171	0.57699
菲律宾	0.38972	0.33334	0.31331	0.33883	0.35437	0.34914	0.36912	0.39448
印度	0.14099	0.11284	0.11133	0.11215	0.14691	0.13604	0.14805	0.14610
巴基斯坦	0.04685	0.03739	0.03726	0.02703	0.03065	0.02585	0.02995	0.02743
孟加拉国	0.01517	0.01603	0.01298	0.01057	0.00762	0.01009	0.00934	0.01084
斯里兰卡	0.10850	0.08560	0.11667	0.10655	0.17175	0.21287	0.18174	0.22588
土耳其	0.47324	0.46676	0.41074	0.39637	0.40948	0.44592	0.38984	0.42732
塞浦路斯	0.36920	0.37463	0.35574	0.34110	0.35703	0.35627	0.34568	0.39256
哈萨克斯坦	0.54229	0.49396	0.50251	0.52433	0.50482	0.53697	0.48164	0.71385

续表

	2014	2015	2016	2017	2018	2019	2020	2021
吉尔吉斯斯坦	0.59736	0.58384	0.68587	0.64447	0.67763	0.87907	0.87074	0.95191
波兰	0.45588	0.48164	0.48892	0.45937	0.46195	0.48211	0.50482	0.51039
立陶宛	0.51322	0.46412	0.46562	0.49591	0.48209	0.47058	0.52540	0.46840
爱沙尼亚	0.56481	0.56010	0.59056	0.59213	0.42729	0.44986	0.45125	0.44814
拉脱维亚	0.51679	0.53886	0.55928	0.54738	0.48867	0.47608	0.46025	0.46149
捷克	0.51756	0.52952	0.52672	0.53180	0.48992	0.44057	0.48408	0.47275
斯洛伐克	0.51056	0.51465	0.50784	0.51776	0.46695	0.41564	0.43240	0.43567
匈牙利	0.49977	0.51766	0.50857	0.51210	0.54471	0.50704	0.54473	0.53744
斯洛文尼亚	0.56263	0.54829	0.54682	0.55206	0.53898	0.53536	0.54054	0.53974
克罗地亚	0.45971	0.47095	0.46030	0.47373	0.49252	0.49163	0.52478	0.48706
保加利亚	0.54420	0.53719	0.54863	0.61775	0.62948	0.57750	0.56260	0.54786
罗马尼亚	0.43177	0.41689	0.41225	0.41491	0.45130	0.43578	0.41556	0.40093
蒙古	0.52275	0.52010	0.48991	0.55613	0.77812	0.80256	0.85135	0.85571

数据来源：ADB-MRIO2022数据库

附表7　2014—2021年"一带一路"合作伙伴装备制造业 GVC 后向参与度

	2014	2015	2016	2017	2018	2019	2020	2021
中国	0.20377	0.16378	0.16068	0.16712	0.20823	0.20162	0.19338	0.21060
马来西亚	0.56760	0.55628	0.54731	0.57133	0.57891	0.55326	0.54342	0.58769
泰国	0.37424	0.33711	0.31790	0.34977	0.42530	0.44134	0.42190	0.49358
老挝	0.48813	0.46006	0.42953	0.45973	0.44866	0.47987	0.38574	0.43881
柬埔寨	0.33805	0.31717	0.31798	0.33614	0.38988	0.41674	0.43650	0.44319
越南	0.61843	0.51113	0.62935	0.64329	0.66773	0.61386	0.62202	0.69631

	2014	2015	2016	2017	2018	2019	2020	2021
菲律宾	0.39706	0.40082	0.42393	0.45034	0.47387	0.46011	0.44785	0.52778
印度	0.30297	0.22674	0.20392	0.22482	0.34253	0.33205	0.31808	0.37489
巴基斯坦	0.33252	0.28134	0.25472	0.27168	0.31169	0.31049	0.27340	0.31237
孟加拉国	0.17035	0.13122	0.10728	0.09677	0.18264	0.17608	0.17025	0.19160
斯里兰卡	0.34672	0.28678	0.33493	0.33601	0.36136	0.34108	0.32985	0.32109
土耳其	0.41011	0.37024	0.36599	0.33918	0.32655	0.30946	0.33262	0.30774
塞浦路斯	0.44978	0.48386	0.48940	0.49147	0.32486	0.36499	0.38468	0.40996
哈萨克斯坦	0.13150	0.09128	0.12352	0.12148	0.11984	0.13648	0.12378	0.12809
吉尔吉斯斯坦	0.26072	0.24771	0.18530	0.24120	0.19832	0.33120	0.29555	0.31803
波兰	0.46572	0.47574	0.48801	0.47197	0.49991	0.48144	0.52555	0.55523
立陶宛	0.32962	0.37662	0.26473	0.29238	0.39770	0.38602	0.31639	0.36836
爱沙尼亚	0.69642	0.68475	0.71584	0.74018	0.62705	0.61550	0.63554	0.67283
拉脱维亚	0.45379	0.45572	0.43952	0.44720	0.54623	0.55110	0.56737	0.56154
捷克	0.57330	0.57722	0.56964	0.59828	0.50450	0.49382	0.47371	0.51277
斯洛伐克	0.70924	0.73692	0.72775	0.75583	0.71159	0.70584	0.72058	0.73942
匈牙利	0.69054	0.70530	0.69042	0.70403	0.66414	0.66470	0.66420	0.66296
斯洛文尼亚	0.53326	0.49766	0.50168	0.56791	0.62254	0.62504	0.61133	0.65350
克罗地亚	0.33480	0.33422	0.33942	0.38545	0.37851	0.37643	0.38380	0.40379
保加利亚	0.49364	0.47197	0.45168	0.47897	0.46281	0.44453	0.44027	0.49284
罗马尼亚	0.38564	0.39754	0.38251	0.39146	0.42551	0.38941	0.34772	0.35914
蒙古	0.32334	0.31113	0.26548	0.29999	0.60355	0.29955	0.27750	0.28068

数据来源：ADB-MRIO2022数据库

附表8　2014—2021年"一带一路"合作伙伴基于增加值的显性比较优势指数

	2014	2015	2016	2017	2018	2019	2020	2021
中国	1.42788	1.24715	1.24364	1.19699	1.01865	1.33155	1.28566	1.29894
马来西亚	0.80147	0.76117	0.78913	0.75233	0.75306	0.74343	0.81641	0.84421
泰国	1.07911	1.05511	0.99350	0.99296	1.05817	0.85289	1.06726	0.94819
老挝	0.00790	0.00871	0.00887	0.00761	0.00763	0.00613	0.00732	0.00873
柬埔寨	0.04763	0.04318	0.04614	0.04674	0.06630	0.06106	0.07740	0.09181
越南	0.80170	0.71943	0.70559	0.68474	0.80758	0.73989	0.76256	0.81281
菲律宾	0.78632	0.55442	0.50877	0.52313	0.55652	0.57844	0.55911	0.61313
印度	0.64681	0.57165	0.56260	0.55132	0.72400	0.57167	0.57994	0.61242
巴基斯坦	0.05860	0.05365	0.05426	0.05853	0.06031	0.05276	0.04327	0.04720
孟加拉国	0.07087	0.07152	0.06406	0.06831	0.07254	0.07392	0.08325	0.10023
斯里兰卡	0.12708	0.12262	0.10572	0.13176	0.12772	0.13414	0.14551	0.19173
土耳其	0.97179	0.83175	0.80441	1.20485	1.27978	0.93035	0.98943	1.06748
塞浦路斯	0.12221	0.11154	0.11241	0.11721	0.15171	0.14118	0.13664	0.14394
哈萨克斯坦	0.47413	0.51116	0.59976	0.55743	0.50026	0.55056	0.66845	0.88812
吉尔吉斯斯坦	1.70589	1.50779	1.45299	1.41378	1.70537	1.91326	1.98807	1.73258
波兰	1.02045	0.89978	0.90706	0.87727	0.82715	0.87412	0.85089	0.90771
立陶宛	0.45452	0.33259	0.34566	0.33527	0.40927	0.39877	0.37538	0.42423
爱沙尼亚	0.76207	0.66090	0.64092	0.60719	0.60582	0.60539	0.60345	0.54498
拉脱维亚	0.47320	0.41164	0.40553	0.40694	0.35112	0.34354	0.34350	0.36326
捷克	2.07010	1.81102	1.82596	1.79091	1.76448	1.67660	1.56116	1.67363
斯洛伐克	1.69312	1.39483	1.44204	1.47364	1.38510	1.44032	1.29710	1.36770
匈牙利	1.67220	1.46296	1.44314	1.39589	1.30879	1.18289	1.15484	1.22934

	2014	2015	2016	2017	2018	2019	2020	2021
斯洛文尼亚	1.52239	1.27057	1.32641	1.08876	1.11175	1.08824	1.06441	1.08266
克罗地亚	0.63458	0.56813	0.56840	0.56272	0.52316	0.48373	0.54645	0.48346
保加利亚	0.69360	0.60953	0.62820	0.60151	0.76546	0.69342	0.66769	0.67127
罗马尼亚	1.11830	0.98632	0.96734	0.96627	0.99173	0.91517	0.83300	0.80987
蒙古	0.10422	0.09952	0.08035	0.09592	0.07826	0.08303	0.08993	0.08938

数据来源：ADB-MRIO2022数据库

附表9 2014—2021年"一带一路"合作伙伴基本金属制品业基于增加值的显性比较优势指数

	2014	2015	2016	2017	2018	2019	2020	2021
中国	1.24376	1.25805	1.26194	1.28847	0.75245	1.63263	1.57245	1.54814
马来西亚	0.45760	0.47650	0.47448	0.40681	0.53642	0.50190	0.46715	0.46151
印度尼西亚	0.56200	0.59876	0.56928	0.59054	0.62585	0.83444	0.80974	0.74179
泰国	2.19173	2.22944	2.16651	1.98353	2.74005	1.51356	1.92751	1.57609
老挝	0.03486	0.06954	0.06856	0.06599	0.02397	0.01752	0.02036	0.02358
柬埔寨	0.06919	0.08017	0.08716	0.09108	0.15062	0.04162	0.05427	0.06222
越南	0.64481	0.66661	0.68247	0.78002	1.12438	0.91360	0.88721	1.01398
文莱	0.01908	0.01697	0.01232	0.01608	0.01557	0.01211	0.01249	0.01136
菲律宾	0.26369	0.26695	0.27595	0.29488	0.28567	0.26121	0.25967	0.28197
印度	0.99944	0.80457	0.81041	0.81116	1.18700	0.90518	0.97238	0.94731
巴基斯坦	0.11106	0.10755	0.11070	0.11188	0.13485	0.09690	0.08616	0.06626
孟加拉国	0.10158	0.10658	0.10408	0.10169	0.10234	0.11142	0.14089	0.17212
斯里兰卡	0.06523	0.07737	0.09273	0.10112	0.16111	0.17214	0.16169	0.21141

续表

	2014	2015	2016	2017	2018	2019	2020	2021
尼泊尔	0.68339	0.70233	0.71955	0.60769	0.46818	0.58268	0.53361	0.61437
不丹	0.53247	0.54128	0.55369	0.54161	0.58843	0.49034	0.41051	0.53627
土耳其	1.34003	1.23700	1.27988	1.30625	2.17645	1.76885	1.87268	2.10795
塞浦路斯	0.19846	0.18000	0.20842	0.19618	0.20526	0.17867	0.17055	0.17179
哈萨克斯坦	1.37266	1.67406	2.17035	1.88190	1.86912	1.89064	2.27604	2.85019
吉尔吉斯斯坦	7.05033	6.50285	6.59379	6.99948	7.04379	7.52629	7.75921	6.41053
波兰	1.13818	1.14494	1.16001	1.15928	1.21516	1.29540	1.24009	1.23857
立陶宛	0.40334	0.37036	0.38272	0.45030	0.49640	0.44529	0.41911	0.44683
爱沙尼亚	0.78770	0.74930	0.85423	0.80580	0.80576	0.78056	0.80307	0.75038
拉脱维亚	0.56877	0.57821	0.58932	0.61066	0.49811	0.50856	0.50407	0.49864
捷克	1.66357	1.68420	1.71560	1.77354	1.71641	1.45831	1.36047	1.39770
斯洛伐克	1.99022	1.81556	1.84852	1.78680	1.89946	1.62313	1.52632	1.52025
匈牙利	0.88473	0.89508	0.90476	0.91466	0.96821	0.89549	0.84888	0.85630
斯洛文尼亚	1.92541	1.83096	1.98270	1.95293	1.70574	1.55626	1.41528	1.37754
克罗地亚	0.89665	0.91887	0.93018	0.90925	0.90086	0.74344	0.93249	0.74286
保加利亚	1.07469	1.01497	1.03875	1.06386	1.41597	1.14833	1.08346	1.03005
罗马尼亚	0.91953	0.91306	0.89456	0.88412	0.87330	0.73918	0.66711	0.62943
蒙古	0.31007	0.35102	0.28679	0.32903	0.30539	0.31006	0.33015	0.31043

数据来源：ADB-MRIO2022数据库

附表10　2014—2021年"一带一路"合作伙伴机械设备制造业基于增加值的显性比较优势指数

	2014	2015	2016	2017	2018	2019	2020	2021
中国	1.07305	1.04391	1.08708	1.13399	0.97873	1.28948	1.26049	1.24749
马来西亚	0.20923	0.21400	0.21486	0.18957	0.30833	0.29350	0.32832	0.34576
印度尼西亚	0.16267	0.17591	0.17470	0.16351	0.17086	0.24717	0.23494	0.23584
泰国	0.32392	0.32354	0.31218	0.30304	0.34894	0.41206	0.51781	0.49812
老挝	0.00035	0.00049	0.00048	0.00046	0.00058	0.00055	0.00073	0.00079
柬埔寨	0.00312	0.00364	0.00413	0.00450	0.00715	0.01200	0.01488	0.01738
越南	0.18493	0.20699	0.22049	0.19316	0.35171	0.31590	0.29962	0.27326
文莱	0.02086	0.02097	0.01704	0.01510	0.00012	0.00011	0.00013	0.00012
菲律宾	0.22923	0.21836	0.21915	0.21545	0.22151	0.25218	0.23638	0.24530
印度	0.44986	0.48917	0.48382	0.48030	0.56427	0.42850	0.42174	0.44595
巴基斯坦	0.04096	0.03815	0.03836	0.03898	0.04088	0.05016	0.05434	0.04579
孟加拉国	0.01394	0.01433	0.01403	0.01395	0.01668	0.01198	0.01311	0.01450
斯里兰卡	0.00715	0.00737	0.00927	0.01202	0.05146	0.04309	0.05842	0.07793
尼泊尔	0.01828	0.01788	0.01742	0.01455	0.04749	0.01420	0.01555	0.01881
不丹	0.00655	0.00675	0.00625	0.00725	0.00335	0.00526	0.00370	0.00390
土耳其	1.15800	1.10142	1.11278	1.16299	1.37802	1.07055	1.19204	1.20017
塞浦路斯	0.21074	0.25212	0.23998	0.27619	0.37102	0.34638	0.33342	0.36258
哈萨克斯坦	0.22820	0.22439	0.23642	0.22305	0.23193	0.24234	0.22903	0.24508
吉尔吉斯斯坦	0.04897	0.04783	0.04814	0.05796	0.03661	0.06676	0.06784	0.07082
波兰	1.06866	1.07617	1.09396	1.11043	1.03597	1.09500	1.06368	1.15071
立陶宛	0.59115	0.56955	0.51649	0.66413	0.67607	0.62466	0.60405	0.65709
爱沙尼亚	0.73801	0.72161	0.75373	0.71883	0.83528	0.89552	0.86171	0.75856

续表

	2014	2015	2016	2017	2018	2019	2020	2021
拉脱维亚	0.60640	0.60104	0.60135	0.62883	0.46954	0.42498	0.43372	0.48483
捷克	1.88665	1.79977	1.84078	1.89972	1.74032	1.65323	1.56313	1.61612
斯洛伐克	1.36795	1.22044	1.29420	1.28766	1.42472	1.38735	1.23(	1.31415
匈牙利	1.84735	1.89875	1.87011	1.89422	1.24335	1.04354	1.01338	1.10580
斯洛文尼亚	1.46070	1.32157	1.40367	1.41178	1.27085	1.24839	1.28562	1.30664
克罗地亚	0.66541	0.67905	0.68346	0.67504	0.67775	0.61992	0.64184	0.63587
保加利亚	0.80436	0.79177	0.82657	0.88442	1.10109	1.03433	0.96836	0.98207
罗马尼亚	1.24530	1.14613	1.12602	1.13411	1.08883	0.85062	0.73911	0.76091
蒙古	0.03642	0.03153	0.02591	0.02657	0.03217	0.02633	0.03172	0.03317

数据来源：ADB-MRIO2022数据库

附表11　2014—2021年"一带一路"合作伙伴计算机、通信及电子光学设备制造业基于增加值的显性比较优势指数

	2014	2015	2016	2017	2018	2019	2020	2021
中国	1.78416	1.74357	1.73912	1.71955	1.68108	1.67371	1.52873	1.54786
马来西亚	2.16604	2.19236	2.19249	1.70273	1.49842	1.54378	1.68992	1.73578
印度尼西亚	0.50118	0.53729	0.56508	0.51535	0.39505	0.38282	0.35675	0.33454
泰国	0.10536	0.10405	0.10317	0.09365	0.09318	0.23926	0.28523	0.26885
老挝	0.00421	0.00758	0.00732	0.00684	0.00481	0.00446	0.00532	0.00595
柬埔寨	0.00015	0.00085	0.00020	0.00022	0.00060	0.00107	0.00127	0.00152
越南	0.82240	0.85134	0.88820	0.93510	1.12285	1.11388	1.15549	1.13538
文莱	0.01627	0.01597	0.01332	0.01197	0.00382	0.00356	0.00375	0.00348
菲律宾	1.59928	1.47826	1.30823	1.26507	1.20974	1.32093	1.22142	1.34451

	2014	2015	2016	2017	2018	2019	2020	2021
印度	0.24151	0.27348	0.26896	0.26102	0.27425	0.24925	0.23899	0.25297
巴基斯坦	0.03513	0.03260	0.03331	0.03294	0.04088	0.01860	0.01372	0.01681
孟加拉国	0.01110	0.01124	0.01110	0.01078	0.03231	0.03198	0.02819	0.03289
斯里兰卡	0.06708	0.05461	0.08439	0.16063	0.15238	0.19188	0.22467	0.28544
尼泊尔	0.00950	0.00910	0.00913	0.00902	0.09032	0.03062	0.02927	0.03549
不丹	0.00173	0.00186	0.00363	0.00176	0.00387	0.00278	0.00214	0.00216
土耳其	0.33977	0.30325	0.30957	0.31648	0.35504	0.35388	0.35996	0.36126
塞浦路斯	0.03866	0.03754	0.03190	0.04080	0.08787	0.07985	0.07673	0.07573
哈萨克斯坦	0.02841	0.03005	0.03429	0.03125	0.03086	0.03647	0.03702	0.05660
吉尔吉斯斯坦	0.00645	0.00625	0.00632	0.00736	0.10256	0.06235	0.06052	0.04849
波兰	0.56759	0.52114	0.52884	0.51930	0.42645	0.43838	0.40383	0.43079
立陶宛	0.29947	0.25739	0.23875	0.27400	0.28410	0.29226	0.26036	0.30139
爱沙尼亚	0.91967	0.72335	0.54874	0.51646	0.57896	0.56091	0.53326	0.45504
拉脱维亚	0.33705	0.31157	0.30415	0.31172	0.29686	0.29584	0.27757	0.28580
捷克	1.33154	1.16850	1.20033	1.20656	1.14810	1.08736	0.98627	1.08382
斯洛伐克	0.90234	0.62330	0.62284	0.58930	0.60076	0.64283	0.50873	0.53448
匈牙利	1.12086	0.96878	0.97546	0.96091	1.01127	0.95450	0.98543	1.04636
斯洛文尼亚	0.98666	0.90066	1.02498	1.00821	1.27085	0.83785	0.81899	0.82616
克罗地亚	0.42847	0.42252	0.42590	0.40714	0.43677	0.42560	0.43968	0.36539
保加利亚	0.41974	0.39686	0.41829	0.43488	0.43738	0.41239	0.35380	0.35776
罗马尼亚	0.87006	0.90640	0.90392	0.87964	0.74111	0.78236	0.73572	0.73162
蒙古	0.01574	0.01068	0.00829	0.00822	0.00176	0.00226	0.00278	0.00270

数据来源：ADB-MRIO2022数据库

附表12　2014—2021年"一带一路"合作伙伴运输设备制造业基于增加值的显性
比较优势指数

	2014	2015	2016	2017	2018	2019	2020	2021
中国	0.60465	0.57494	0.58806	0.62199	0.34886	0.54478	0.56661	0.57578
马来西亚	0.13945	0.14754	0.14888	0.16699	0.23191	0.23133	0.23600	0.26217
印度尼西亚	0.60201	0.61752	0.61985	0.59616	0.67717	0.91646	0.79054	0.92879
泰国	1.21407	1.18349	1.11121	1.14987	1.35001	1.39143	1.82849	1.73655
老挝	0.00176	0.00338	0.00337	0.00346	0.00104	0.00082	0.00106	0.00138
柬埔寨	0.10219	0.09841	0.10120	0.10480	0.12480	0.21035	0.28697	0.36189
越南	0.09976	0.10679	0.11249	0.12069	0.39144	0.36888	0.38640	0.49171
文莱	0.03521	0.03482	0.02776	0.02483	0.00156	0.00139	0.00171	0.00169
菲律宾	0.12213	0.12512	0.14013	0.14590	0.13731	0.12787	0.11736	0.11935
印度	0.69699	0.78375	0.74470	0.76981	1.04491	0.79468	0.81743	0.95736
巴基斯坦	0.14147	0.13133	0.13246	0.13646	0.05645	0.05617	0.03085	0.07660
孟加拉国	0.24806	0.25079	0.24058	0.24067	0.14555	0.14597	0.16884	0.20486
斯里兰卡	0.02749	0.02303	0.03458	0.04421	0.11857	0.08630	0.07476	0.10921
尼泊尔	0.00270	0.00261	0.00254	0.00234	0.02274	0.00549	0.00634	0.00821
不丹	0.00044	0.00035	0.00044	0.00042	0.00042	0.00035	0.00034	0.00037
土耳其	0.94087	0.85004	0.84144	0.88729	1.65856	0.73016	0.79064	0.79268
塞浦路斯	0.01748	0.01890	0.01802	0.02044	0.01875	0.01540	0.01663	0.01749
哈萨克斯坦	0.07770	0.04322	0.03050	0.02949	0.03354	0.09254	0.19192	0.34370
吉尔吉斯斯坦	0.02489	0.02401	0.02369	0.02869	0.04312	0.02781	0.02916	0.03177
波兰	1.03243	0.98169	0.97720	0.99713	0.86082	0.85737	0.93086	1.07283
立陶宛	0.31726	0.28499	0.23468	0.33949	0.29491	0.31087	0.30553	0.38748

续表

	2014	2015	2016	2017	2018	2019	2020	2021
爱沙尼亚	0.35335	0.32175	0.43972	0.42421	0.26520	0.23338	0.24732	0.22397
拉脱维亚	0.21568	0.20795	0.20809	0.21933	0.19061	0.16368	0.17913	0.20214
捷克	2.84548	2.76799	2.73890	2.86121	2.73044	2.78524	2.74517	3.13793
斯洛伐克	2.40173	2.08530	2.04474	2.01461	1.98588	2.43744	2.38318	2.68380
匈牙利	2.69061	2.33848	2.29895	2.35018	2.13338	1.94382	1.92636	2.16967
斯洛文尼亚	1.16520	1.07070	0.96641	0.93465	0.83748	0.80420	0.85032	0.92557
克罗地亚	0.26776	0.26592	0.26177	0.26118	0.15135	0.16942	0.17611	0.19837
保加利亚	0.30177	0.28667	0.29402	0.32365	0.33196	0.31514	0.41707	0.44596
罗马尼亚	0.98228	0.97273	0.94230	0.93973	1.39871	1.35337	1.27585	1.23627
蒙古	0.00048	0.00121	0.00097	0.00119	0.00003	0.00009	0.00011	0.00014

数据来源：ADB-MRIO2022数据库

参考文献

[1] 蔡礼辉，张朕，朱磊．全球价值链嵌入与二氧化碳排放：来自中国工业面板数据的经验研究 [J]．国际贸易问题，2020（04）．

[2] 蔡礼辉，任洁，朱磊．中美制造业参与全球价值链分工程度与地位分析：兼论中美贸易摩擦对中国价值链分工的影响 [J]．商业研究，2020（03）．

[3] 蔡玲，袁春晓．中国对"一带一路"合作伙伴的制造业出口发展研究 [J]．国际贸易，2017（04）．

[4] 蔡中华，王一帆，董广巍．中国在"一带一路"国家专利与出口结构关系的研究：基于行业层面相似度指数的分析 [J]．国际贸易问题，2016（07）．

[5] 陈爱贞，钟国强．中国装备制造业国际贸易是否促进了其技术发展：基于 DEA 的面板数据分析 [J]．经济学家，2014（05）．

[6] 陈东阳，张宏．中国制造业参与全球价值链分工状态及其动态演进：基于前后向产业关联的视角 [J]．东岳论丛，2018，39（06）．

[7] 陈继勇，单航，梁虎．"一带一路"倡议对中国装备出口的影响研究 [J]．世界经济研究，2020（11）．

[8] 陈瑾，何宁．高质量发展下中国制造业升级路径与对策：以装备制造业为例 [J]．企业经济，2018，37（10）．

[9] 程大中．中国参与全球价值链分工的程度及演变趋势：基于跨国投入—产出分析 [J]．经济研究，2015，50（09）．

[10] 程云洁，武杰．中国对转型经济体投资的经济风险评估及防范：基于"一带一路"背景下 [J]．决策与信息，2018（09）．

[11] 崔日明，宋换换，李丹．服务质量、技术创新与全球价值链地位攀升：来自中国的经验证据 [J]．经济问题探索，2023（03）．

[12] 戴翔，宋婕．"一带一路"有助于中国重构全球价值链吗？[J]．世界经

济研究，2019（11）．

[13] 丁宋涛，刘厚俊．要素禀赋结构视角下的东亚生产网络：演化规律与中国的战略选择 [J]．江海学刊，2013（04）．

[14] 丁一兵，张弘媛．中美贸易摩擦对中国制造业全球价值链地位的影响 [J]．当代经济研究，2019（01）．

[15] 杜传忠，张丽．中国工业制成品出口的国内技术复杂度测算及其动态变迁：基于国际垂直专业化分工的视角 [J]．中国工业经济，2013（12）．

[16] 郭建莺，闫冬．"一带一路"倡议下国际产能合作风险与对策研究 [J]．国际贸易，2017（04）．

[17] 郭建民，郑憨．开展国际产能合作评价指标体系及实证研究 [J]．宏观经济研究，2019（09）．

[18] 郝晓，王林彬，孙慧，等．中间品进口网络特征与全球价值链分工地位：基于"一带一路"合作伙伴网络集约性和广延性的经验分析 [J]．西部论坛，2022，32（01）．

[19] 何文彬．"中国－中亚－西亚经济走廊"全球价值链升级驱动因素分析 [J]．亚太经济，2019（03）．

[20] 贺娅萍．全球价值链重构与国际贸易争端分析 [J]．亚太经济，2022（06）．

[21] 胡丽娜．中国装备制造业转型升级面临的挑战与财政支持政策 [J]．长白学刊，2023，229（01）．

[22] 胡再勇，付韶军，张璐超．"一带一路"合作伙伴基础设施的国际贸易效应研究 [J]．数量经济技术经济研究，2019，36（02）．

[23] 华欣，盛红艳．中国制造业企业对"一带一路"国家 OFDI 模式选择的实证分析 [J]．工业技术经济，2016，35（10）．

[24] 黄海蓉，蒋伏心．中国—东盟价值链合作模式演变及影响因素分析 [J]．世界经济与政治论坛，2022，353（04）．

[25] 贾晓琳，蔡宁，赵德海．"一带一路"合作伙伴制造业合作效率综合评价 [J]．统计与决策，2021，37（01）．

[26] 金钰莹，叶广宇，彭说龙．中国制造业与服务业全球价值链地位 GVC 指数测算 [J]．统计与决策，2020，36（18）．

[27] 景侠，朱文超.基于多元线性回归模型的中国装备制造业升级研究[J].商业经济，2020（02）.

[28] 孔令夷."一带一路"沿线省域生产性服务业与制造业联动融合关系辨析[J].中国流通经济，2020，34（02）.

[29] 孔庆峰，董虹蔚."一带一路"国家的贸易便利化水平测算与贸易潜力研究[J].国际贸易问题，2015（12）.

[30] 寇明龙，孙慧，门柯平.国际产业转移对中国制造业GVC地位的影响研究[J].国际商务（对外经济贸易大学学报），2023（03）.

[31] 李丹，崔日明."一带一路"战略与全球经贸格局重构[J].经济学家，2015（08）.

[32] 李芳芳，张倩，程宝栋，等."一带一路"倡议背景下的全球价值链重构[J].国际贸易，2019（02）.

[33] 李跟强，潘文卿.国内价值链如何嵌入全球价值链：增加值的视角[J].管理世界，2016（07）.

[34] 李宏，吴东松，曹清峰.中美贸易摩擦对中国制造业全球价值链分工地位的影响[J].财贸研究，2020，31（07）.

[35] 李蕾，杨瑾.全球价值链下中国装备制造业升级关键影响因素研究[J].技术与创新管理，2021，42（05）.

[36] 李晓琳.提升我国装备制造业在全球价值链中的地位[J].宏观经济管理，2018（12）.

[37] 李晓钟，吕培培.我国装备制造产品出口贸易潜力及贸易效率研究：基于"一带一路"国家的实证研究[J].国际贸易问题，2019（01）.

[38] 李焱，高雅雪，黄庆波.中国与"一带一路"国家区域价值链协同构建：来自装备制造业的证据[J].国际贸易，2020（01）.

[39] 李焱，吕品，黄庆波.中国汽车产业在全球价值链中的地位：基于Koopman的地位指数和Fally的长度指数分析[J].国际贸易问题，2018（04）.

[40] 林桂军，何武.全球价值链下我国装备制造业的增长特征[J].国际贸易问题，2015（06）.

[41] 刘红光，刘卫东，刘志高.区域间产业转移定量测度研究：基于区域

间投入产出表分析 [J]. 中国工业经济, 2011（06）.

[42] 刘会政, 朱光. 中国装备制造业国际分工地位及提升路径研究 [J]. 国际商务（对外经济贸易大学学报）, 2018（05）.

[43] 刘琳. 中国参与全球价值链的测度与分析: 基于附加值贸易的考察 [J]. 世界经济研究, 2015（06）.

[44] 刘敏, 薛伟贤, 陈莎. "一带一路" 贸易网络能否促进各国全球价值链地位提升 [J]. 管理评论, 2022, 34（12）.

[45] 刘宁, 刘乾, 胡蔺. 江苏制造业全球价值链分工地位影响因素研究 [J]. 中国产经, 2020（17）.

[46] 刘维林. 中国式出口的价值创造之谜: 基于全球价值链的解析 [J]. 世界经济, 2015, 38（03）.

[47] 刘文, 徐荣丽. RCEP 与中日韩 FTA 关税减让的贸易效应测度比较 [J]. 山东社会科学, 2022, 325（09）.

[48] 刘友金, 周健, 曾小明. 中国与 "一带一路" 合作伙伴产业转移的互惠共生效应研究 [J]. 中国工业经济, 2023（02）.

[49] 刘兆国, 庞德良. 中国推动深化东亚区域价值链合作研究 [J]. 东北亚论坛, 2022, 31（05）.

[50] 刘志彪, 吴福象. "一带一路" 倡议下全球价值链的双重嵌入 [J]. 中国社会科学, 2018（08）.

[51] 刘中伟. 东亚生产网络、全球价值链整合与东亚区域合作的新走向 [J]. 当代亚太, 2014（04）.

[52] 陆亚琴, 韩雨杉. RCEP 成员国贸易便利化对中国制造业全球价值链地位的影响 [J]. 价格月刊, 2022（11）.

[53] 吕国庆, 曾刚, 顾娜娜. 基于地理邻近与社会邻近的创新网络动态演化分析: 以我国装备制造业为例 [J]. 中国软科学, 2014（05）.

[54] 吕越, 黄艳希, 陈勇兵. 全球价值链嵌入的生产率效应: 影响与机制分析 [J]. 世界经济, 2017, 40（07）.

[55] 毛艳华, 邱雪情, 王龙. "一带一路" 贸易便利化与共建国家全球价值链参与 [J]. 国际贸易, 2023（01）.

[56] 倪红福，龚六堂，夏杰长．生产分割的演进路径及其影响因素：基于生产阶段数的考察 [J].管理世界，2016（04）.

[57] 倪红福．全球价值链中产业"微笑曲线"存在吗：基于增加值平均传递步长方法 [J].数量经济技术经济研究，2016，33（11）.

[58] 牛华，兰森，马艳昕．"一带一路"合作伙伴服务贸易网络结构动态演化及影响机制 [J].国际商务（对外经济贸易大学学报），2020（05）.

[59] 牛泽东，张倩肖．中国装备制造业的技术创新效率 [J].数量经济技术经济研究，2012，29（11）.

[60] 欧阳艳．中国制造业在"一带一路"价值增值能力的驱动因素 [J].中国流通经济，2017，31（09）.

[61] 潘闽，张自然，肖雯．全球价值链双环流结构下中国产业对外竞争合作策略研究：基于贸易附加值技术水平和技术结构视角 [J].价格月刊，2020（10）.

[62] 潘秋晨．全球价值链嵌入对中国装备制造业转型升级的影响研究 [J].世界经济研究，2019（09）.

[63] 潘雨晨，张宏．中国与"一带一路"合作伙伴制造业耦合性的四维分析 [J].统计研究，2019，36（05）.

[64] 潘云鹤，刘曦卉，明新国，等．中国制造业"一带一路"国际合作的机遇与挑战研究 [J].中国工程科学，2019，21（04）.

[65] 彭蕙，亢升．"一带一路"建设与中印制造业共赢合作 [J].宏观经济研究，2017（07）.

[66] 綦良群，蔡渊渊，王成东．全球价值链的价值位势、嵌入强度与中国装备制造业研发效率：基于 SFA 和研发两阶段视角的实证研究 [J].研究与发展管理，2017，29（06）.

[67] 綦良群，刘晶磊．基于服务化的先进制造业全球价值链升级政策工具挖掘及量化评价 [J].情报杂志，2023，42（01）.

[68] 綦良群，吴佳莹，李庆雪．数字经济时代装备制造业服务化的动力与路径 [J].江海学刊，2022，340（04）.

[69] 乔世政."一带一路"背景下高端设备制造业的发展路径 [J].宏观经济管理,2016(07).

[70] 秦清华,梁昊光,王耀甜.数字"一带一路"如何影响东道国参与国际分工:基于全球价值链视角 [J].金融与经济,2023(03).

[71] 邱斌,周勤,刘修岩,等."'一带一路'背景下的国际产能合作:理论创新与政策研究"学术研讨会综述 [J].经济研究,2016,51(05).

[72] 邱雪情,卓乘风,毛艳华."一带一路"能否助推我国全球价值链攀升:基于基础设施建设的中介效应分析 [J].南方经济,2021(06).

[73] 尚涛.全球价值链与我国制造业国际分工地位研究:基于增加值贸易与 Koopman 分工地位指数的比较分析 [J].经济学家,2015(04).

[74] 邵朝对,苏丹妮.全球价值链生产率效应的空间溢出 [J].中国工业经济,2017(04).

[75] 沈铭辉,李天国.全球价值链重构新趋势与中国产业链升级路径 [J].新视野,2023(02).

[76] 司增绰,周坤,邵军,等.中国对"一带一路"合作伙伴制造业出口增长模式:多维识别和影响因素 [J].亚太经济,2020(02).

[77] 宋婕,戴翔,万广华.中国"一带一路"倡议的全球价值链分工地位提升效应研究 [J].当代经济研究,2022(08).

[78] 宋晓东."一带一路"背景下的中国国际服务贸易发展 [J].中国流通经济,2016,30(12).

[79] 苏杭."一带一路"战略下中国制造业海外转移问题研究 [J].国际贸易,2015(03).

[80] 孙楚仁,张楠,刘雅莹."一带一路"倡议与中国对合作伙伴的贸易增长 [J].国际贸易问题,2017(02).

[81] 孙灵希,曹琳琳.中国装备制造业价值链地位的影响因素研究 [J].宏观经济研究,2016(11).

[82] 孙莎,牛华勇,杨丹.新冠病毒感染疫情冲击下的全球化趋势分析与评估 [J].中国软科学,2023,385(01).

[83] 孙文婷，许山晶.价值链嵌入、数字技术与制造业出口竞争力：基于全球和国家价值链双视角 [J].当代经济管理，2023，45（05）.

[84] 覃成林.区域协调发展机制体系研究 [J].经济学家，2011（04）.

[85] 汤永川，潘云鹤，张雪，等."一带一路"沿线六大经济走廊优势产业及制造业国际合作现状分析 [J].中国工程科学，2019，21（04）.

[86] 唐宜红，张鹏杨.FDI、全球价值链嵌入与出口国内附加值 [J].统计研究，2017，34（04）.

[87] 佟家栋，谢丹阳，包群，等."逆全球化"与实体经济转型升级笔谈 [J].中国工业经济，2017（06）.

[88] 屠新泉."一带一路"建设、全球价值链重构与中国的应对 [J].当代世界，2022（06）.

[89] 王博，陈诺，林桂军."一带一路"合作伙伴制造业增加值贸易网络及其影响因素 [J].国际贸易问题，2019（03）.

[90] 王飞，姜佳彤，林桂军，等.全球价值链视角下的中国制造业服务化：1995～2019[J].国际经贸探索，2023，39（06）.

[91] 王金鑫.制造成本视角下中间品质量对全球价值链地位影响研究 [J].价格理论与实践，2023（03）.

[92] 王秋玉，曾刚，吕国庆.中国装备制造业产学研合作创新网络初探[J].地理学报，2016，71（02）.

[93] 王微微，谭咏琳.贸易便利化水平对"一带一路"合作伙伴双边贸易的影响分析 [J].经济问题，2019（09）.

[94] 王晓玲，韩平.数字经济与装备制造业融合发展研究：以东北地区为例 [J].技术经济与管理研究，2022，310（05）.

[95] 王英，陈佳茜.中国装备制造业及细分行业的全球价值链地位测度 [J].产经评论，2018，9（01）.

[96] 王直，魏尚进，祝坤福.总贸易核算法：官方贸易统计与全球价值链的度量 [J].中国社会科学，2015（09）.

[97] 魏龙，王磊.全球价值链体系下中国制造业转型升级分析 [J].数量经济技术经济研究，2017，34（06）.

[98] 巫强, 刘志彪. 本土装备制造业市场空间障碍分析: 基于下游行业全球价值链的视角 [J]. 中国工业经济, 2012 (03).

[99] 吴福象, 段巍. 国际产能合作与重塑中国经济地理 [J]. 中国社会科学, 2017 (02).

[100] 伍先福. 贸易增加值分解与全球价值链地位测度研究综述 [J]. 中国流通经济, 2019, 33 (04).

[101] 夏先良. 构筑 "一带一路" 国际产能合作体制机制与政策体系 [J]. 国际贸易, 2015 (11).

[102] 肖扬, 直银苹, 谢涛. "一带一路" 合作伙伴贸易便利化对中国制造业企业出口技术复杂度的影响 [J]. 宏观经济研究, 2020 (09).

[103] 肖宇, 夏杰长, 倪红福. 中国制造业全球价值链攀升路径 [J]. 数量经济技术经济研究, 2019, 36 (11).

[104] 谢会强, 黄凌云, 刘冬冬. 全球价值链嵌入提高了中国制造业碳生产率吗 [J]. 国际贸易问题, 2018 (12).

[105] 谢向伟, 龚秀国. "一带一路" 背景下中国与印度产能合作探析 [J]. 南亚研究, 2018 (04).

[106] 许冬兰, 于发辉, 张敏. 全球价值链嵌入能否提升中国工业的低碳全要素生产率? [J]. 世界经济研究, 2019 (08).

[107] 许和连, 孙天阳, 成丽红. "一带一路" 高端制造业贸易格局及影响因素研究: 基于复杂网络的指数随机图分析 [J]. 财贸经济, 2015 (12).

[108] 杨继军, 范从来. "中国制造" 对全球经济 "大稳健" 的影响: 基于价值链的实证检验 [J]. 中国社会科学, 2015 (10).

[109] 姚琦. "一带一路" 倡议对中国制造业品牌国际化的影响: 基于原产国形象理论视角 [J]. 企业经济, 2019, 38 (04).

[110] 姚青. 中国装备制造业价值链管理水平研究 [J]. 中国市场, 2015 (21).

[111] 姚洋, 张晔. 中国出口品国内技术含量升级的动态研究: 来自全国及江苏省、广东省的证据 [J]. 中国社会科学, 2008 (02).

[112] 殷德生, 吴虹仪, 魏伟. 中美贸易摩擦对双方制造业全球价值链地位的影响 [J]. 社会科学, 2022 (09).

[113] 尹华，谢庆."一带一路"倡议、文化差异与中国装备制造企业对外直接投资模式选择 [J]. 当代财经，2020（11）.

[114] 于蕾，潘秋晨. 新发展格局下中国制造业价值链升级路径：基于里昂惕夫分解的测度分析 [J]. 复旦学报（社会科学版），2023，65（03）.

[115] 于李娜，闫肃，孙雅秀. 信息化嵌入对中国参与制造业全球价值链的影响 [J]. 科技管理研究，2022，42（20）.

[116] 余道先，王露. 金砖国家服务贸易国际竞争力研究：基于贸易增加值和全球价值链的视角 [J]. 世界经济研究，2016（08）.

[117] 余娟娟，龚同. 全球碳转移网络的解构与影响因素分析 [J]. 中国人口·资源与环境，2020，30（08）.

[118] 余南平，廖盟. 全球价值链重构中的国家产业政策：以美国产业政策变化为分析视角 [J]. 美国研究，2023，37（02）.

[119] 袁媛，慕建红. 嵌入全球价值链对企业劳动收入份额的影响研究：基于前向生产链长度的测算 [J]. 产业经济研究，2019（05）.

[120] 张杰，郑文平. 全球价值链下中国本土企业的创新效应 [J]. 经济研究，2017，52（03）.

[121] 张天天. 中国制造业参与全球价值链的路径选择 [J]. 商业经济研究，2015（28）.

[122] 张彦.RCEP 区域价值链重构与中国的政策选择：以"一带一路"建设为基础 [J]. 亚太经济，2020（05）.

[123] 张英，张倩肖. 全球价值链网络结构、空间溢出效应与中国制造业开放型技术双元提升 [J]. 经济问题探索，2023（02）.

[124] 张禹，严兵. 中国产业国际竞争力评估：基于比较优势与全球价值链的测算 [J]. 国际贸易问题，2016（10）.

[125] 张玉芹，李辰. 我国装备制造业在全球价值链的地位分析 [J]. 国际商务（对外经济贸易大学学报），2016（05）.

[126] 张远鹏."一带一路"与以我为主的新型全球价值链构建 [J]. 世界经济与政治论坛，2017（06）.

[127] 张志明，周彦霞，熊豪，等. 地理距离如何影响全球价值链合作：

理论模型与国际经验 [J]. 经济评论, 2021, 229（03）.

[128] 张志明 . 区域贸易协定深化与亚太价值链合作模式重塑 [J]. 国际贸易问题, 2022, 473（05）.

[129] 赵东麒，桑百川 . "一带一路"倡议下的国际产能合作：基于产业国际竞争力的实证分析 [J]. 国际贸易问题, 2016（10）.

[130] 赵佳颖，孙磊 . 全球价值链重构的利益分配及其对中国的影响研究 [J]. 亚太经济, 2023（02）.

[131] 赵明亮，高婕，刘青 . 东北亚区域价值链合作中贸易平衡、贸易关联与需求依赖度研究 [J]. 产业经济评论（山东大学）, 2021, 20（01）.

[132] 周祺 . 全球产业链重构趋势与中国产业链升级研究 [J]. 东岳论丛, 2022, 43（12）.

[133]AMBOS B,BRANDL K,PERRI A, et al. The Nature of Innovation in Global Value Chains[J]. Journal of World Business,2021,56(4).

[134]BALDWIN R,NICOUG R N. Trade-in-Goods and Trade-in-Tasks: An Integrating Framework[J]. Journal of International Economics,2014,92(1).

[135]Ge Y,DOLLAR D,YU X D. Institutions and Participation in Global Value Chains: Evidence from Belt and Road Initiative[J]. China Economic Review, 2020(61).

[136]HO C S,JEONG C. GVC Status of the Electronics Industry & GVC Promote Case Studies of the Domestic Electronics Industry[J]. Journal of Digital Convergence,2016,14(10).

[137]HUMMELS D,ISHII J,YI K M. The Nature and Growth of Vertical Specialization in World Trade[J]. Journal of International Economics,2001,54(1).

[138]LEE E,YI K M. Global Value Chains and Inequality with Endogenous Labor Supply[J]. Journal of International Economics,2018,115.

[139]NIELSEN P B. The Puzzle of Measuring Global Value Chains – The Business Statistics Perspective[J]. International Economics,2018,153.

[140]NONNIS A,BOUNFOUR A,ÃZAYGEN A, et al. The Combined Contribution of Intangible Capital and Global Value Chain Participation to

Productivity[J]. International Journal of Intellectual Property Management,2021,11(1).

[141]SONG YG,HAO X Z,HU Y L, et al. The Impact of the COVID-19 Pandemic on China's Manufacturing Sector: A Global Value Chain Perspective[J]. Frontiers in Public Health, 2021(9).

[142]TIMMER M P,ERUMBAN A A,LOS B, et al. Slicing Up Global Value Chains[J]. Journal of Economic Perspectives,2014,28(2).

[143]WU P Y. Evaluation of Financial and Tax Institution on the Transformation & Upgrading of Manufacturing Industry: Based on the Investigation of Chinese Private Enterprises[J]. Academic Journal of Business & Management,2020,2(1).

[144]XU B,LU J Y. Foreign Direct Investment, Processing Trade, and the Sophistication of China's Exports[J]. China Economic Review,2009,20(3).

[145]ANTRAS P,CHOR D. On the Measurement of Upstreamness and Downstreamness in Global Value Chains[Z]. NBER Working Paper, 2018.

[146]KOOPMAN R,POWERS W,WANG Z, et al. Give Credit Where Credit is Due: Tracing Value Added in Global Production Chains[Z].NBER Working Paper, 2010.

[147]WANG Z,WEI S J,YU X, et al. Characterizing Global Value Chains: Production Length and Upstreamness[Z]. NBER Working Paper, 2017.